太田昌克
Masakatsu Ota

日米〈核〉同盟

原爆、核の傘、フクシマ

岩波新書
1498

はじめに

今からおよそ七〇年前の第二次世界大戦末期、生身の人間に対して初めて核兵器を使った米国と、二度その惨劇に見舞われた日本。核時代の幕開けに当たり、きわめて対照的かつ対極の立場にあったこの二つの国は現在、「日米同盟」と呼ばれる軍事、政治、経済上の同盟関係を結んでいる。

その日米同盟は、「核の同盟」である。その現実を私たちは、二〇一一年三月一一日に発生した東日本大震災、さらにそれが引き起こした東京電力福島第一原発事故を通じて、まざまざと見せつけられた。

前代未聞の全電源喪失が福島第一原発を襲い、原子炉からは放射性物質が漏えい、冷却機能が長時間失われたことで炉心にある核燃料はメルトダウン(炉心溶融)、さらに私自身聞いたこともなかった「メルトスルー」を招来し、原子炉容器を突き抜けた。東京とワシントンで「最悪のシナリオ」が論じられ始め、首都圏にも放射性物質が拡散、西へ向かって民族の大移動が起こり、ついには東京のみならず、首都圏全体がもぬけの殻となる事態すら一時想起された。

甚大な震災被害に襲われた東北地方に米軍兵士が派遣され、救援活動を展開する「トモダチ作戦」が本格化する前のことだ。「日米核同盟」の盟主米国は日本本土に、核テロにも関係する特殊チームを人知れず送り込んだ。そして米軍ヘリコプターを使って、福島上空から放射線量の測定を開始し「放射能汚染マップ」を作成、これが現場で活動する米兵を放射能の脅威から守り、福島の人々の退避にも役立てられた。

日本に「原子の火」をもたらしたのは、一九五三年末に「アトムズ・フォー・ピース(平和のための原子力)」を唱えた米国だ。その三カ月後には、静岡県焼津のマグロ漁船、第五福竜丸が太平洋ビキニ環礁で行われた米水爆ブラボー実験により被ばくする。広島、長崎に次ぐ三度目の国民的被爆/被ばく体験だった。ビキニ被ばくで沸き立つ日本の反核感情が反米感情にいずれ転化し、日本が西側陣営から離脱する「中立化」をも恐れた米国。同盟の盟主は「原子力の平和利用」の美名の下に、日本人を三度も被ばくさせた巨大なエネルギーである「原子の火」をともすことで、日本に軛《くびき》を掛け、同盟のたがが外れないようにした。

核兵器大国である米国は「原子力の軍事利用」の側面からも、日米関係の「核同盟化」を図った。その象徴は、二〇一〇年にようやく日本政府が「国家のウソ」を認めた「日米核密約」

だ。一九五三年に米海軍空母「オリスカニ」が横須賀に寄港して以来、米国は休戦状態にある朝鮮半島と、当時は一触即発の状態だった台湾海峡を意識しながら、東アジア全体に「核の傘」を張り巡らしていった。空母オリスカニには核兵器が搭載されており、以降、米軍艦船による日本の港湾内への核兵器の持ち込みが常態化していく。ワシントンが言うところの「日本人特有の核アレルギー」をビキニ被ばくで思い知った米国は、公然と核兵器を日本本土に陸揚げするのではなく、艦船による核持ち込みを通じて「核の傘」を構築していった。そしてその実情に気づきながら、日本の歴代政権は「核の持ち込みはない」と国会で答弁し続け、日本国民を欺き続けた。そんな虚構を可能にしたのは、核密約というからくりだった。

福島での原発事故後の展開に目を見開けば、「日米核同盟」の深化がますます実感できる。「原子力安全神話」が招いた国策の誤りを正したいと、大多数の日本の市民は脱原発の将来像を志向している。「国民的議論」を標榜し、市民との幅広いエネルギー・原子力対話を進めた野田佳彦政権は二〇一二年九月、「二〇三〇年代の原発ゼロ」を決定した。そんな日本の決定を盟主は快く思わなかった。「原発ゼロ」を唱えながら、「核燃料サイクル路線」の継続で核兵器にも転用可能なプルトニウムを増殖させる制度的欠陥が、野田政権の政策決定に紛れ込んでいたからだった。

「あなたたちの政権がそのうち終わり、別の政党が政権を奪取すれば、また政策を変えられるように、柔軟性のある政策決定をしてほしい」。ワシントンは水面下で、こんなメッセージを東京に伝達した。その後、政権復帰した自民党は盟主の懸念と疑念を晴らすかのように、日米共同企業体による原発輸出の旗振り役となり、原発回帰を強めている。「核の傘」への執着も相変わらずだ。世界唯一の戦争被爆国は「核同盟」の虜《とりこ》状態と言っても過言ではないだろう。

＊

本書はこんな「日米核同盟」の実態を深掘りしたノンフィクションだ。膨大な量の日米両政府の解禁公文書、両国の政府関係者、専門家への数多くのインタビューを駆使し、日本人にとって因縁の深い「核」をテーマに日米関係の実像を描くことに努めた。筆を走らせながら、絶えず私の心の内を離れなかったテーマは、漠然とした物言いになるが、核・原子力に対して日本人と人類が今後いかに向き合っていくか、だった。愚者の私には深遠すぎる「問い」である。

第一章から第四章までは、二〇〇九年夏以降、雑誌『世界』に寄稿した小論を大幅に加筆・修正することで、「ポスト3・11」の新たな視点と要素を織り交ぜた。第五、第六の二つの章は新たに書き下ろした。敬称は基本的に省略させていただいた。お許し賜りたい。

先に記した深遠すぎる巨大な「問い」に向き合っているのは私だけではないだろう。賢者である読者の方々の思考と考察に少しでも役に立つなら、ジャーナリストとして本望である。本書を手に取っていただいたことに、まずは心から感謝の気持をお伝えしたい。

目　次

第 1 章

フクシマとアメリカ
「3.11」が照射した核同盟の底流

事故後 11 カ月の福島第 1 原子力発電所 4 号機．中央左には原子炉格納容器の蓋が見える(2012 年 2 月 20 日，福島県大熊町，代表撮影，共同)

「運命の日」　日本の当事者能力を見切った盟主

「あの時、ワシントンに大きな変化が訪れた。日本の事故対処能力に対する信頼が失われたのだ。事態が制御不能になっていくように映り、東京電力も現場を放棄し始めた。仰天した」

二〇一一年三月一一日に発生した東京電力福島第一原発事故の関連取材を始めて、やがて一年になろうとしていた一二年二月二九日。受話器の向こうにいる旧知の取材先のこの言葉に、思わず息を呑み込まざるを得なかった。取材先は太平洋の彼方、米東部ワシントンにいるホワイトハウス高官だった。衝撃的なインタビューだった。

バラク・オバマ大統領に直接仕えるこの高官は米国の原子力政策に携わり、原発事故対応にも深く関与する立場にあった。「バック・グラウンド」と呼ばれる、肩書きのみを明かしていい匿名条件付きのインタビューではあったが、「3・11」の発生当初から事故の状況を注視し、米政府の政策決定に通じる当事者の肉声だけに、私の耳と心には鮮烈にかつ重く響いた。

　この高官が言う「あの時」とは、原発事故発生から五日目を迎えた二〇一一年三月一五日午前(日本時間)のことだ。今から振り返ると、この朝、私たちの住む日本という国はまさに、「運命の日」(『福島原発事故独立検証委員会[筆者註：いわゆる民間事故調]調査・検証報告書』Discover、二〇一二年、三八五頁)を迎えていた。同日午前三時ごろ、海江田万里・経済産業相(当時、以下同)は東電の「撤退方針」を菅直人首相に既に伝達していた。これを受けて首相官邸では即座に首相臨席の下、海江田経産相、枝野幸男・官房長官、福山哲郎・官房副長官ら政権中枢による「御前会議」が開かれ、政権首脳部は「撤退拒否」で申し合わせた。その後、菅首相は午前五時半すぎ東京・内幸町の東電本店に直接乗り込み、「命をかけてください。(中略)日本がつぶれるかもしれない時に撤退はあり得ない」と一世一代の大演説をぶつ。

　この直後の午前六時すぎ、福島第一原発4号機で水素爆発が発生し、放射性物質の放出量が劇的に上昇した。周辺住民の公衆被曝の危険性が飛躍的に高まり、午前一一時に第一原発から半径二〇～三〇キロ圏内の住民には屋内退避が指示された。また前の日の深夜から2号機の状況が著しく悪化し、一五日朝には4号機でも水素爆発が発生、約七〇〇人いた作業員は七〇人ほどを残し、現場を退避せざるを得ない、ある種の極限状態に追い込まれていた。

冒頭に引用したホワイトハウス高官の言葉が物語るように、太平洋の彼方で固唾を飲んで事態の推移を見守ってきたオバマ政権にとっても、重大な転機が訪れたのがこの三月一五日だった。三日前の一二日に起きた1号機での水素爆発、一四日の3号機水素爆発、そして冷却機能を失った使用済み核燃料プールが干上がる恐れのあった4号機までもが水素爆発に見舞われた。原子炉の連鎖爆発という未曽有の巨大事故のあげくの果てに、ついに作業員までもが大量退避する、とめどない「危機のスパイラル」――。日米同盟の盟主である米国が驚愕し、菅政権と東電の当事者能力に見切りを付けたのがこの日、つまり「運命の日」となった二〇一一年三月一五日だったのだ。

日米の最悪シナリオ

事態の急激な悪化を受け、米核研究開発機関、ローレンス・リバモア国立研究所(カリフォルニア州)傘下の「大気放出助言センター(NARAC)」はすぐさま、使用済み核燃料プールが全て干上がる「最悪の事態」を検討、放射性物質が東京首都圏にも拡散する試算をまとめ、オバマ大統領に報告した。この米政府版「最悪のシナリオ」は日本側に提示されることはなかった。

なおリバモア国立研究所は、第二次世界大戦中の「マンハッタン計画」で知られる原爆開発の草分け、ロスアラモス国立研究所、さらにニューメキシコ州にある核工学専門のサンディア国立研究所と並ぶ米国の三大核開発拠点の一つ。「水爆の父」であるエドワード・テラーも所長を務めた、核超大国の核兵器史における〝メッカ〟の一つだ。

そんなリバモア国立研究所が原発事故解析にいち早く乗り出す一方、日本政府内では原子力委員会の近藤駿介委員長が菅首相の指示を受けて、三月二五日に同様の「最悪のシナリオ」を策定した。近藤作成の「最悪のシナリオ」は、「福島第一原子力発電所の不測事態シナリオの素描」と題したパワーポイントに描かれている。それによると、①1号機で水素爆発が発生し格納容器が破損、放射線量が上昇し作業員全員が退避する、②2、3号機の原子炉や4号機の使用済み核燃料プールへの注水が不可能になる、③4号機プールの燃料が露出して溶融、コンクリートと反応し放射性物質が放出される、④2、3号機の格納容器も破損する、⑤1〜3号機のプールの燃料も溶け、コンクリートと反応する――の順で事態が悪化し、最初の爆発から反応停止までに何と、一年近い三五四日かかる見通しとなっている。

さらに近藤は、放射線の影響で住民の強制移転が必要な区域は半径一七〇キロ以上、希望者の移転を認める区域は東京を含む半径二五〇キロに及ぶ可能性があると想定した。仮にそうなれば首都東京は完全に機能喪失、三〇〇〇万人の住民が首都圏を脱出し、日本という国のかたちは大きく変貌していたにちがいない。首都圏に住む私自身、その帰結は想像すらできない。

原発事故発生から一年が経過しようとしていた二〇一二年の春先、「3・11」直後に来日して事故対応を直に担当した米原子力規制委員会（NRC）当局者は取材に、近藤作成の「最悪のシナリオ」が策定直後に米側関係者に説明された、と明かしている。米側は自分たちの描いた「最悪のシナリオ」を日本側と共有することはなかったが、日本側は自分たちが計算した最悪の見積もりを真っ先に米側に提供していたのだ。

この日米の対照的な対応ぶりは、「日米核同盟」の非対称性を映し出してくれる。そして、米側と即座に「最悪のシナリオ」を共有した日本政府がこれを日本国民に初めて公表したのが、当時の野田佳彦政権が「収束」を宣言した直後の二〇一二年初頭だったことも付言しておかねばなるまい。

海兵隊特殊専門部隊派遣の意味

この「運命の日」を境にして、米国は福島の原発事故に主体的かつ能動的に関与し始める。具体的な支援項目を明記した「対日支援リスト」を日本側に提示し、炉心への持続的な注水に向けて淡水を積んだ台船や高圧送水ポンプを提供したほか、放射線測定器や防護服など事故収束への必需品を供与した。また、放射性物質で汚染された場所でも活動できる海兵隊の特殊専門部隊「CBIRF（シーバーフ）」の隊員約一五〇人を日本に派遣した。

当時、日本メディアの注目を集めたCBIRFは、史上初の本格的な化学兵器テロとなった一九九五年の地下鉄サリン事件を機に米軍内に設置された専門集団だ。生物、化学、核の大量破壊兵器（WMD）や、放射性物質を原料とする「汚い爆弾」を使った対米テロ攻撃があった場合、すぐさま出動し、被害者救出や救命医療、除染作業などを行う高い専門性を持つユニークな部隊だ。部隊は米軍内に二つしかなく、うち一つは常時、米国家機能の中枢である首都ワシントンでの有事に備え即応態勢を取っている。そんな米国有数のアセット（資産）であるCBIRFが、米本土から遠く離れた外国に派遣されたことの政治的意味は格別に重い。同盟国日本で起きた放射能有事に対し、オバマ政権が持ちうる能力を存分に発揮するという強い政治的意志を表象しているからだ。

こうやって、日本側の「当事者能力」喪失を疑った米国は、「複合的人災」と呼べる福島の原発事故の初期対応に能動的に関わった。事故が安定化の兆しを見せてからも、NRC専門家が二〇一二年の年明けまで東京に常駐、東電と経済産業省原子力安全・保安院（現在は原子力規制庁に統合）が立案した事故収束の工程表づくりや、日本政府が国際原子力機関（IAEA）に提出する事故報告書の作成をめぐって、技術的かつ専門的な助言を行い続けた。

かたや日本側は、本格支援を続ける米政府の意向を絶えず忖度しながら、国際原子力界で影響力のある盟主米国の影を強く意識し続けた。当時の原子力安全・保安院高官は二〇一二年の春先、「〔日本が二〇一一年六月に〕IAEAに提出した事故報告書の作成段階でも米側と調整を図り、日本の出す報告書が米国の見解と余りズレがないものとなるよう心掛けた」と取材に語っている。

こうした日米協力の構図は、日本の有史以来まれな国難をプリズムにして、日米同盟の本質をくっきりと浮かび上がらせる。それは「核のパワー」を後ろ盾とした米国とその庇護下にあり続けた日本が、「核の同盟」関係にあるという動かしがたい実相である。

核超大国である米国は冷戦時代から今日に至るまで「核の傘」という、「核のパワー」に依拠した軍事的手段を日本に供与し続けると同時に、原子力という民生用の「核のパワー」を「平和利用」の名の下に被爆国に担保し続けてきた。

広島、長崎、ビキニという人類史的にも特異な被爆／被ばく体験を持つ日本の国情を考えると、「軍と民」の絶対的な敷居が存在しない「核のパワー」の表裏一体性は、米国が同盟管理を思惑通りに進めていくに当たって、きわめて有効で使い勝手のよいツール〈道具〉だった。なぜなら、核被害国である同盟国に「原子の火」をともす作業を通じ、「核のパワー」の持つ肯定的側面を大衆にアピールすることで、「核の傘」を裏打ちする米軍核搭載艦船という、米国の冷戦戦略に不可欠な軍事的装置を日本とその周辺に展開する環境醸成を容易なものとしていったからだ。それでも、同盟の盟主が「核の傘」を築いていくに際しては、次元を異にする別のツール、つまり核搭載艦船の日本への通過・寄港を無条件で可能にする「核持ち込みに関する密約（核密約）」が必要だった。

以下、原子力の持つ「軍と民」の表裏一体性を分析の視座に据え、日本が米国の「核のパワー」を受け入れていく歴史的経緯をたどりながら、「核の同盟」である日米同盟の本質をより深く論考していく。そして、東京電力福島第一原発事故と核密約問題という一見異質な二つの事象の源流をたどることによって、米国が描いた対日戦略の底流を照射してみたい。

核密約の源流

まず日本が「原子力の軍事利用」である「核の傘」を受け入れていった経過を概観しながら、核密約の源流を考えてみよう（なお核密約については第三章以降、その成立過程や歴史的な意味をより深く論じる）。

「核を持たず、作らず、持ち込ませず」の非核三原則を国是とし、一九七六年に核拡散防止条約(NPT)を批准した被爆国日本は第二次世界大戦から今日に至るまで、自らが核武装することはなかった。しかしその半面、同盟国米国の核戦力を背景にした、核兵器の「間接的な使用」つまり「核の脅し」によって、敵対国が自分たちに好ましくない行為を取らないように仕向ける「核抑止力」、すなわち「核の傘」に国防の根幹を依存する政策を冷戦時代から採り続けてきた。

「核の傘」がいかにして日本とその周辺に張り巡らされていったかについては、第四章で後述するので、ここでは詳述しないが、基本的には以下の三つの要素によって日本への「核の傘」が形成されてきた(詳細は拙著『日米「核密約」の全貌』筑摩選書、二〇一一年、第二章を参照されたい)。

①一九五三年の米海軍空母オリスカニの横須賀寄港を嚆矢とした核搭載艦船の日本への寄港、領海の通過(冷戦終結を受けたジョージ・H・W・ブッシュ(父)米大統領の戦術核撤去政策「大統領核イニシアティブ=PNI」により九二年に終了)

②一九五四年末から五五年初めにかけて陸上配備が始まった沖縄に配備・貯蔵された中・

短距離型の戦術核(ベトナム戦争ピーク時の六七年には最大の約一三〇〇発が配備。沖縄が本土復帰する七二年にはすべての核を撤去)

③米本土配備の大陸間弾道ミサイル(ICBM)、西太平洋を航行する戦略型原子力潜水艦搭載の潜水艦発射弾道ミサイル(SLBM)、グアムにも展開する戦略爆撃機――の「三本柱」からなる長距離型の戦略核(冷戦時代から現在まで継続)

③の戦略核は日本の国土に直接配備されないため、日本の政策判断が直接及ぶ範疇ではない。②についても、一九七二年五月まで沖縄が米軍施政下にあったため、同様に日本の直接的な政策決定の及ぶ範囲ではなかったが、米国の「核のパワー」を信奉する歴代保守政権は沖縄への核配備を黙認し、密かに支持すらしていた。たとえば、米側解禁公文書によると、池田勇人首相は六一年六月の日米首脳会談でジョン・F・ケネディ大統領に、日本本土への核配備に対する国民の反対論が根強いため、「〔核〕基地」として沖縄の現状維持を図らざるを得ないとの見解を表明している。

核密約という装置

イデオロギー対立に特徴付けられる東西冷戦が内政にも色濃い影を落としていた当時の日本の政治的分断状況を考えると、問題なのは断然、①の核搭載艦船の通過・寄港問題だった。社会(現在の社民)、共産両党の左派陣営は、港湾内への「核持ち込み」問題を国会で鋭く追及した。一方の自民党は「米側から日米安保条約に基づく事前協議の申し出がない以上、核兵器の持ち込みはない」との建前をかたくなに貫きながらも、水面下では核搭載艦船の通過・寄港を事実上容認し、米軍の核戦力投射がもたらす「核の傘」を日本防衛の枢要な要素として取り込んでいった。

米側公文書によると、一九六〇年に日米安保条約改定を実現する岸信介は一九五七年、駐日米大使のダグラス・マッカーサー2世に対し「全面戦争を防ぐために日本が米国の核抑止力に依存している」との認識を表明し、核搭載した空母機動部隊を「攻撃準備態勢に置く」必要性にも「理解」を示している。また、岸内閣を引き継いだ池田首相と大平正芳外相は六三年、来日したラズウェル・ギルパトリック米国防副長官との間で「米国の核の力は、共産主義勢力による日本へのいかなる原爆攻撃をも抑止するよう、貢献しなければならない」との基本姿勢で合意している。

米側記録に残されたこれらの歴史的事象からは、日本の保守政権首脳部が「原子力の軍事利用」の一形態である「核の傘」の戦略的重要性を認識し、それを国防政策の観点から肯定的に受け入れていった政策判断の輪郭が浮き彫りになる。

そしてより重要なことは、(1)岸は安保改定時、マッカーサーらとの間で「機密討論記録」(第三章で詳述)を作成し、核搭載艦船の通過・寄港を事前協議の対象としない核密約を交わした、(2)大平は一九六三年四月にエドウィン・ライシャワー駐日米大使との間で、核搭載艦船の通過・寄港は「持ち込み(イントロダクション)」に当たらないとした核密約の中身を確認した――という史実である。つまり、核密約の成立・継承に深く関与した日本側のキープレイヤーは、「原子力の軍事利用」が内包する戦略的含意を十分に踏まえた上で、それを実現するために核密約を受諾していったということになる。

こうした歴史の流れを俯瞰すると、核密約は日本の歴代政権にとって、「反米」「反保守」に転化しかねない国民の反核感情を巧みにかわしながら、盟主が差し掛ける「核の傘」の効用をつなぎ留める政治的装置であったことが見えてくる。また米国にとっての核密約とは、「原子力の軍事利用」を被爆国に〝軟着陸〟させ、「核のパワー」に立脚した自身の冷戦戦略を着実に遂行していくための同盟管理上の外交的装置であったことが透徹できる。核密約の源流には

「原子力の軍事利用」である「核の傘」があり、それが「日米核同盟」を構成する重大な要素となっているのだ。

「平和利用」を定着させた米冷戦戦略

次に「原子力の平和利用」が、いかにして被爆国に定着していったかをみてみよう。

日本政府が最初の原子力関連予算を計上したのは、今から六〇年前の一九五四年春のことだ。同年三月一日の太平洋ビキニ環礁での米水爆ブラボー実験で静岡の漁船、第五福竜丸が「死の灰」を浴びて被ばくする事件が表面化する直前、中曽根康弘衆議院議員ら当時の改進党の政治家が原子力予算獲得に動いたことはよく知られている。そのため、いかにも日本側が自発的かつ能動的に、米占領時代には禁じられていた原子力研究・開発の道を突き進んでいったかのように考えられがちだが、実は「原子力の平和利用」を日本に根付かせることは、当時の米国の冷戦戦略と対日戦略が規定する大方針だった。

ソ連は一九五三年夏に水爆保有に動くが、これは米国による核の独占体制の崩壊を意味した。約四カ月後の同年一二月、ドワイト・アイゼンハワー大統領は国連総会で「アトムズ・フォー・ピース(平和のための原子力)」構想を表明。アイゼンハワー政権は以降、研究炉や高濃縮ウランを同盟・友好国に供与し「平和利用」の恩恵をアピールすることで、西側陣営の結束を図る原子力外交を展開した。と同時に米国は、「核の脅し」を前面に打ち出すことでソ連の西側侵攻を抑止する「大量報復戦略」を実践しようと、五四年以降、欧州やアジアの同盟国の領土内に短距離型の戦術核を配備する動きを進めた。いわば、「軍と民」の両刀で「核のパワー」を背景にした冷戦戦略と西側同盟政策を推進していったわけだ。当時、熱戦が終息したばかりの朝鮮半島と一衣帯水の関係にある日本は、そんなアイゼンハワー構想の主要な対象国だった。

ビキニ・ショック——アイゼンハワーの動揺

しかし、アイゼンハワー構想を頓挫させかねないうねりが一九五四年春以降、日本全土で巻き起こった。それは、第五福竜丸事件の衝撃で燎原の火の如く燃え広がった原水爆禁止運動だ。三〇〇〇万人以上もの署名を集めた被爆国での国民的な反核運動は、巨大水爆実験で三度目の被ばく被害を日本に負わせた米政権中枢にとって、日米関係を激しく動揺させかねない、つかみどころのない脅威に映った。

アイゼンハワー大統領は一九五四年五月二六日、ジョン・フォスター・ダレス国務長官に覚書を送り、ビキニ被ばく事件後の「日本の状況を懸念している」と表明、さらに「日本における米国の利益」を増進する方策を提示するよう国務省内の知日派に命じた。これを受け、国務省極東局は大統領あての極秘覚書を作成し、「日本人は病的なまでに核兵器に敏感で、自分たちが選ばれた犠牲者だと思っている」と分析する。そして極東局は打開策として(1)被ばくした第五福竜丸乗組員への賠償、(2)米国から日本への「放射能に関する情報提供」、(3)第五福竜丸事件を受けた吉田茂首相への遺憾表明——を提言し、「放射能」をテーマとする日米交流が「日本人の〔核への〕感情や無知に対する最善の治療法」になると指摘した。

「核のパワー」をテコにソ連と対峙すると同時に、西側同盟の盟主に君臨する米国が「原子力の平和利用」もテコにしながら、日本国民を対象とした「核ならし」を推進、それによって三度目の被ばく体験をした被爆国を懐柔していこうとした様子が、当時の米側公文書から窺える。

さらに一九五四年一〇月一九日付の国務省秘密メモ「ビキニ事件と核問題」(草案)は、第五福竜丸事件を「戦後最大の日米間の緊張要因」と表現し、「米国への憤りと核兵器への恐怖心が高まった」と解説。「原子力・核エネルギーが根本から破壊的だとする日本人の根強い観念」を取り除くために、「原子力の平和利用を進展させる二国間、多国間の取り組みに日本を早期に参画させるよう努めるべきだ」と主張し、将来日本に原子炉を提供する可能性を論じた。

また、ダレスの片腕であるジェラード・スミス国務省特別補佐官は、一九五四年一一月五日付メモで「〔日本人研究者による米核関連施設の視察は〕日本の嫌米感情を緩和する」と指摘している。同じ一一月には、米側から日本側に約二〇万ページの原子力関連文献の供与も行われた。こうやって「平和利用」面での日米協力を促進することによって、米政府は「ビキニ・ショック」で日本に蔓延した反核感情と嫌米感情を封じ込め、第五福竜丸事件がアイゼンハワー構想に与える衝撃を最小限に抑え込もうとした。

「核ならし」というマインドコントロール

ここまで述べてきた「原子力の平和利用」をめぐるアイゼンハワー政権の対日アプローチの背後には、同盟国懐柔と西側陣営の引き締めという目的に加えて、もう一つ隠された思惑があった。それは、「原子力の軍事利用」に直結するものだった。

日本に原爆を持ち込み貯蔵したい。在日米軍基地から核攻撃できるよう、日本政府から事前の許可を取ってほしい――。米側公文書によると、国防総省は第五福竜丸事件の発生からほどない一九五四年五月、国務省にこんな要求を突きつけている。

「大量報復戦略」を裏打ちしようと、米軍部はこの頃から、海外への核戦力配備へ向けて動きだしていた。そのため、一九五四年末から五五年初頭にかけて断行した沖縄への核配備を手始めに、五五年春には西ドイツ、五七年にはフィリピン、五八年には韓国、台湾といった具合に順次、核の前線配備を行うことで、「核の脅し」を具現化させる作業を進めていった。だから米軍部にしてみれば、極東有事が起こった際に朝鮮半島への橋頭堡となる日本への核兵器の実戦配備は、論じるまでもない軍事的な重要戦略目標だった。

一九五七年一月一四日付の米公文書「日本への核兵器の持ち込み」によると、米政府内では同日、こんな議論が行われている。

「核エネルギーと核兵器を受け入れるよう、北大西洋条約機構（NATO）諸国と同じ様に、日本の世論にも影響力が行使できるだろう」（ゴードン・グレイ国防次官補）

「日本で核兵器の問題はきわめてデリケートだ。日本人は原爆が使われた世界唯一の国民。経済情勢から原子力は熱狂的に受け入れるだろうが、現時点で核兵器の受け入れは非常に疑わしい」（マッカーサー駐日大使）

こうした当時の米政権内のやり取りからあぶり出されるのは、西側同盟の盟主米国が冷戦の激化に合わせ、世界唯一の戦争被爆国である日本の領土に、西ドイツをはじめとするＮＡＴＯ諸国並みに核戦力を前線配備しようとしていたという事実だ。そして、核兵器にきわめて敏感な反応を示す日本人にいずれ核配備を受け入れさせるために行ったのが、「原子力の平和利用」による「核ならし」という、日本国内世論のマインドコントロールだった。

突きつけられた「問い」

「平和利用」と「軍事利用」がコインの裏表の関係をなしていること、まさにその原子力の表裏一体性ゆえに、稀にみる核被害国である日本は、米国の思い描く原子力レジームに組み入れられていったのだ。こうした「核」をめぐる大きな日米関係史の中に、二〇一一年三月一一日に発生した巨大原発事故の源流が見て取れないだろうか。

日本は広島、長崎、ビキニという三度の被爆／被ばくにもかかわらず、「原子力の平和利用」を全面的に受け入れ、東京電力福島第一原発事故の前は米国の軽水炉技術を導入した結果、五四基もの原発稼働に走った。「原子力の軍事利用」については、米軍部が当初目論んだ核兵器の陸上配備に応じることはなかったが、核搭載艦船の通過・寄港という、いわば米軍にとっての「次善の策」を黙認することで米国の核抑止体制に自身の国策を委ねていった。そして、第五福竜丸事件を受けた猛烈な反核エネルギーが国内に渦巻く中、この「次善の策」を機能させたのが、日本国民が一切あずかり知らないところで交わされ、二〇〇九年の政権交代選挙で民主党政権が登場するまでその真相がひた隠しにされてきた日米核密約だった。

「平和利用」と「軍事利用」の両にらみで構築された米国の原子力レジームにどっぷりと漬かってきた日本で発生した巨大原発事故は、そんな「核の同盟」がもたらした一つの帰結と呼べるのかもしれない。また、冷戦終結から二〇年を経た後の民主党政権による核密約の実態調査と事実認定は、米国の冷戦戦略を前提とした「核の同盟」の軍事的側面に必然的な変化を迫る、もう一つの帰結だったのだろう。そうだとしたら、ここで問題となるのは、「核の同盟」がもたらした二つの帰結からわれわれがいかなる教訓を学び取り、それを次代の幸福と安寧につなげるべく、いかにしてより良き政策選択に結び付けていくかという深遠なる「問い」である。

日本政府による日米核密約の認定と未曽有の巨大原発事故。戦後日本史の転換点を示唆する二つの歴史的事件は、戦争と文明の双方のありようを抜本的に変えた「核」と日本人の関わりを根本から見つめ直し、人類と「核」が果たして共存可能なのかどうか、根源的に問い直す内観の試練をすべての現代人に突きつけている。

第2章

「3.11」，もう一つの教訓
核テロチームを派遣した盟主の懸念

航空機に搭載された空中測定システム(AMS)の関連機材．上空からガンマ線を実測し，地上1メートルの線量を算出する(米核安全保障局＝NNSA提供)

真相つかめぬ被ばく実態

二〇一一年三月一一日に発生した東京電力福島第一原発事故は、一九四五年八月の広島、長崎への原爆投下による被爆、五四年三月一日の太平洋ビキニ環礁での水爆ブラボー実験による第五福竜丸など日本漁船の被ばくに次ぐ四度目の国民的な被ばく体験だった。福島県内では事故後、原子炉の連鎖的爆発が引き起こした内部被ばくの影響を念頭に、ホールボディーカウンター(WBC)を使った検査が続けられた。その検査を受けた人の数は、福島県の担当者によると、二〇一四年三月末時点でのべ六四万人に上る。これまでのWBC検査は幸いにも、住民の内部被ばくのレベルについて低い数値を示している。

しかし、福島県内で使われている一般的なWBCは、体内に取り込まれた半減期約三〇年のセシウム137などセシウムの測定が中心。半減期がわずか約八日しかないヨウ素131に関しては、WBC検査の本格導入が原発事故発生から半年後と遅かったため、被ばく実態を的確につかむことはできず、原発事故に起因する内部被ばくの全容把握には依然大きな「空白」が残る。

内部被ばくの真相究明に困難が生じているのは、今から約七〇年前にあった広島、長崎の原爆被害も同じだ。長崎の爆心地から東約三キロにある西山地区は、原爆投下直後に「黒い雨」が降り注いだことで知られる。被爆当初、核爆発によって生じる放射性降下物(フォールアウト)がもたらす内部被ばくの影響を過小評価していた米国の科学者たちは、「死の灰」の被害者が出た一九五四年の第五福竜丸のビキニ被ばくをきっかけに、内部被ばく問題に対する関心を急速に高めた。

そして一九六九年には、被爆者の原爆後障害を調査した米国の専門研究機関「原爆傷害調査委員会(ABCC、現在の放射線影響研究所)」と長崎大学が共同研究の形で、西山地区住民へのWBC検査を実施した。その後、八一年にも追加検査を行い、WBCの実測値から逆算して「一九四五～八五年までの四〇年間の内部(被ばく)線量は男性で〇・一ミリシーベルト、女性で〇・〇八ミリシーベルト」との推定値を公表した。被爆者援護行政を所管する厚生労働省はこの数値などを根拠に、現在に至るまで「被爆者の内部被ばく線量は少なかった」との主張に固執している(岡島俊三『長崎大学退官最終講義録』岡島俊三教授退官記念事業実行委員会、一九八五年:岡島俊三ら「長崎における原爆の放射性降下物の影響調査 Technical Report 12-75 業績報告」国立衛生研究所―原爆傷害調査委員会、一九七五年を参照)。

しかし、被爆者が体内に取り込んだセシウムやヨウ素など放射性物質の半減期を考えると、原爆投下から二五年を経過した後のＷＢＣ調査が遅きに失していたことは明らかだろう。当時、長崎大学教授としてＡＢＣＣとの共同研究を主導した岡島俊三自身が二〇一二年秋の取材に対し、「〔原爆投下時にさかのぼる〕昔のものは分からないだろうが、一九六九年時点の内部被ばくの現状を調べたかった」と語り、当時自らが行った線量の逆算に限界があったことを明確に認めている。にもかかわらず、こんな実態と懸け離れた〝科学的測定〟を根拠に政府は「内部被ばく軽視」の放射能被害行政を今なお横行させている。

巨大原発事故と核攻撃――。事象は違うが、核爆発後に生じる核分裂生成物が生身の人体に非人道的な放射能被害をもたらす帰結は同じだ。広島、長崎、ビキニ、そして福島……。「核のパワー」が招来する人道的危機から得られる教訓とは何なのか。四度の被ばく体験をいかに核廃絶、そして将来的な脱原発の道筋につなげるかが問われている。本章では以下、巨大原発事故にまつわる隠れたエピソードを詳述しながら、「3・11」が啓示する教訓、さらに核と向かい合う被爆国のありようについて考察してみたい。

ホワイトハウスの重大決定

東京電力福島第一原発事故の発生から三日後の二〇一一年三月一四日、オバマ米政権の国防・安全保障政策を決定する中枢機関、ホワイトハウスの国家安全保障会議（ＮＳＣ）は密かに重大決定を下した。事故翌日の一二日にはメルトダウン（炉心溶融）した1号機が水素爆発、一四日には3号機でも水素爆発が起き、最も危険視されていた2号機でもメルトダウンによる格納容器破損の危機が迫る中、米首都ワシントンの緊張感は最高度に達しようとしていた。

「ＣＭＲＴ」を日本に即時派遣する――。これがＮＳＣの下した重大決定だった。ＣＭＲＴとは「被害管理対応チーム（the Consequence Management Response Team）」の略称だ。ＣＭＲＴは米エネルギー省核安全保障局（ＮＮＳＡ）傘下の特殊専門チーム。「空中測定システム（ＡＭＳ＝Aerial Measuring System）」と呼ばれる最先端の航空機モニタリング装置を使って上空からガンマ線を実測し、地上一メートルの空間線量を算出、汚染エリアの状況を短時間に分析する高度に専門的な能力を持つ。

米政府が誇るＡＭＳの歴史は長く、一九六〇年代にさかのぼる。東西冷戦が熾烈をきわめ、米ソ両国が大気圏内で水爆実験を繰り返していた当時、ＡＭＳは米西部のネバダ核実験場で行われる核実験後の放射能汚染状況の実態把握を目的に開発された。時は流れて二〇〇一年九月一一日に米中枢同時テロがニューヨークやワシントンなどで発生すると、ＡＭＳを所管するＣＭＲＴは、冷戦後の「最大の脅威」と目されるようになった核テロへの対策により力点を置くようになった(Daniel J. Blumenthal, "Introduction to the Special Issue on the U. S. Response to the Fukushima Accident," and Craig Lyons and David Colton, "Aerial Measuring System in Japan," *Health Physics*, Vol. 102, No. 5, May 2012)。

なおCMRTが所属するNNSAは、核超大国である米国の核兵器開発計画を所管する部局だ。第二次世界大戦中の原爆開発計画「マンハッタン計画」を主導したロスアラモス国立研究所はじめ、ローレンス・リバモア国立研究所など全米各地に散らばる核兵器関連施設を統括し、年間八〇億ドル(一ドル＝一〇〇円で八〇〇〇億円)前後の核兵器関連予算を握る。

NNSAはまた核開発以外に、世界各国に点在する高濃縮ウランやプルトニウムといった核分裂性物質を回収して、米国とロシアの安全なエリアに移動して保全するという「地球的規模脅威削減イニシアティブ(GTRI)」を展開中だ。高濃縮ウランなどがアルカイダなどのイスラム急進テロ組織の手にわたれば、たちどころに核テロの脅威に結びつくというのが、冷戦後の米歴代政権の基本認識だ。核テロは、テロリストが核爆弾そのものを政府内部の協力者を通じて窃取したり、不正に入手した高濃縮ウランなどの核物質から核爆弾を製造して爆発させたり、あるいは核物質よりも入手しやすい放射性物質(セシウムやコバルト、ストロンチウムなど)を使ってこれをまき散らす「汚い爆弾」をつくり爆発させるテロ行為のことをいう。

事故三日後に核危機先遣隊を派遣

ホワイトハウスが原発事故からわずか三日が経過した時点で、福島の現場に投入することを決めた「被害管理対応チーム（ＣＭＲＴ）」。核事故の特殊専門チームであるＣＭＲＴは、仮に核テロや原発事故が発生した場合、放射能を帯びた核分裂生成物が飛散した場所に真っ先に出動し、米軍のヘリコプターや固定翼機に設置された「空中測定システム（ＡＭＳ）」を使って現場周辺の被ばく実態を解明、「放射能汚染マップ」を作成する。これを基に住民避難や米軍を中心とした救護活動が実践されることになるため、ＣＭＲＴはいわば核危機の先遣隊と性格づけることができる。

そんなＣＭＲＴは二つのチームに編成されており、一つは西部ネバダ州にあるネリス空軍基地、もう一つは首都ワシントン郊外のアンドリュース空軍基地に常駐し、有事に備えて常時待機している。核テロ対応可能な専門部隊が首都近辺に陣取っていることからもわかるように、ＣＭＲＴは米国の国家安全保障上、枢要な役割を担っている。

「３・11」発生時の政策決定に携わった複数の米政府関係者によると、ホワイトハウスの国家安全保障会議（ＮＳＣ）は放射能被害の拡大を恐れる在日米軍司令部と在日米大使館の要請を受け、CMRTの日本派遣を即座に決定した。二〇一一年三月一六日には、科学者と技師で構成するCMRTメンバーの三三人がAMSの関連資機材とともにネバダ州から米軍横田基地に到着、試験飛行などの準備作業に一二時間以内に着手している。そして三月一七〜一九日までの三日間、米軍機二機にAMSを搭載して福島の上空、最高約七〇〇メートルから放射線の空間線量を測定、東京電力福島第一原発から約四〇キロ圏の放射能汚染マップを作製し、日本政府へ提供している。

当時のホワイトハウス高官は二〇一二年一二月のインタビューに対し、原子炉の状態や周辺線量などに関する事故当初の情報不足がCMRTの日本派遣を早めたと語った上で、「AMS投入で〔横田などの〕米軍基地に顕著な放射能の脅威がないことを確認した。〔米側が当初強く疑った〕4号機使用済み核燃料プールでの火災が起きていないことも確かめられた」と言明した。

なお「4号機使用済み核燃料プールでの火災」とは、東日本大震災発生時に定期点検中だった第一原発4号機の炉心から取り出された使用済み核燃料が、原子炉格納容器に隣接する燃料プールに大量貯蔵されていたため、電源喪失と原子炉建屋損壊によってプール内の水が消失、干上がったプールが空だき状態となって、使用済み核燃料が空気に直接触れて火災を起こしているのではないかという疑惑だ。事故直後、米政府は偵察衛星や無人偵察機「グローバルホーク」を使って原発上空の様子や気温上昇の実態を監視しており、燃料プール付近の温度が急上昇している状況を踏まえ、空だきを強く疑い、放射性物質の大規模拡散を危惧した。しかし、事故数日後に自衛隊機が撮影した映像などから、プール内に十分な水量があることが確認され、杞憂に終わっていた。

トモダチ作戦の〝露払い〟

また、ＡＭＳを所管するエネルギー省ＮＮＳＡの高官も二〇一二年末にインタビューした際、こう言及している。

「在日米軍は要員をどこへ派遣するかに心を砕いており、放射線量の実測は非常に重要だった。要員をどこへ送れば安全で、何時間なら活動可能なのかがわかるからだ」

この発言から明確に読み取れる事実は、航空機モニタリングによる汚染実態の把握に努めた特殊専門チームＣＭＲＴの役割が、米軍による被災地救援活動「トモダチ作戦」の〝露払い〟的な性格を帯びていたということだ。

自衛隊員や原発作業員と同様、米兵や軍属にも、作業中にそれ以上浴びてはならない被ばく線量の法的制限がある。そのため救援活動を行うにはまず、現場の放射線量に関する状況把握が不可欠となり、ＣＭＲＴがその基礎データを提供してくれる。また事故直後の混乱で日本政府から米側に提供される情報がきわめて乏しい中、ＡＭＳがもたらす放射線量の実測データは、米政府が一義的に優先保護すべき日本滞在中の多数の米国人の避難にも活用することが可能だ。

米政府はこうしたＡＭＳを駆使した体系的な事故対応を取ることによって、トモダチ作戦をなるべく「被ばくフリー」で行い、自国民の安全確保にも最大限の効果を発揮することを狙った。ＣＭＲＴの早期派遣の経緯からは、そんな「日米核同盟」の盟主米国の現実的かつ冷徹な真意が見て取れる。

なおこのＮＮＳＡ高官によると、ＣＭＲＴが海外における核危機の現場に投入されたのは、福島での原発事故が初めてだったという。訓練やバックグラウンド・データ把握のための海外展開はかつて行われたが、実践での本格運用は初めてだったのだ。この点からも、巨大原発事故がいかにワシントンを震撼させたかがよくわかり、「日米核同盟」の実相が窺い知れる。

ＣＭＲＴの活動は「日米安保の枠内」

核テロにも対応する特殊専門チームＣＭＲＴの活動実態は、日本国民にほとんど知らされていなかった。「そもそも主権国家である日本の領土内で、米軍と米国民の安全確保を一義的な目的とした組織的な調査活動が許されるのだろうか」。私が二〇一二年後半、最初に福島でのＣＭＲＴの活動実態を知った時は、そんな疑問が脳裏をよぎった。

仮に同じ原子力大国のフランスが同様の調査を申し出ていたら、日本との間で外交問題になっていたはずだ。私が抱いた疑問に対し、事情に通じた外務省当局者は「日米安全保障条約の枠内で活動可能と判断した」と説明した。

現在の日米安保体制下では、核兵器配備のような「重要な装備の変更」を除き、米軍は必要な装備を日本国内へ基本的に自由に持ち込むことができる。ＣＭＲＴは米エネルギー省所属の部隊とはいえ、ＡＭＳが米軍機に搭載されて使用される以上、その活動は米軍の「関連活動」とみなすことができる。また、その活動目的自体が米軍主導のトモダチ作戦に直結することから、「日米安保の枠内」で「ＡＭＳの日本領土内への持ち込みは可能」と外務省は判断したのだ。

ＣＭＲＴの本格展開はまた、日米同盟が「核」で固く結ばれている現実の証左と言える。原子炉の連鎖爆発という極限的状況においてオバマ政権は、（1）米軍が大規模駐留する日本が巨大原発事故の現場となった、（2）米国は長年、日本の民生用原子力政策の後ろ盾であり続けた

――との点を踏まえ、「核の同盟」を長く結んできた日本への核テロ専門チーム派遣を即時決断したと考えられる。

そうした意味で、福島県民はもちろんのこと、日本国民の多くが渇望した「放射能汚染マップ」を誰よりも早く作製したＣＭＲＴの知られざる活動は、「日米核同盟」の内実を鋭く照射する出来事だったと総括できる。

死活情報、官邸に届かず

しかし驚いたことに、こうした米国の戦略的決断を日本の政権中枢は当初、まったく知らなかった。そのため、ＣＭＲＴから日本政府サイドに届けられた初期の重要データが日本側で有効活用されず、「無用な被ばくを招いた」（二〇一二年末の福島県浪江町議会の吉田数博議長へのインタビュー）おそれが濃厚なのだ。

二〇一一年三月一七～一九日までの三日間、ＣＭＲＴが米軍機二機にＡＭＳを搭載して原発から約四〇キロ圏内の放射能汚染マップを作製した経緯には既に触れた。複数の日本政府関係者によると、米側はまず、活動初日の翌日に当たる一八日に外務省を通じて最初の実測データを日本側に提供している。

ところが、このデータを受け取った経済産業省原子力安全・保安院(現在は原子力規制庁に統合)の担当者は幹部に伝えず、首相官邸や原子力安全委員会(現在の原子力規制委員会)にも報告しなかった。そして三月二〇日には、ＡＭＳを駆使して作製された放射能汚染マップが米側から日本側に提供される。

事故発生後、初めて作製されたこの汚染マップは、福島第一原発から北西方向に向けて、高い放射線量を示す赤色とオレンジ色のマークが続いていた。米側からこんな重要情報が早くにもたらされていながら、結局国民に公表されたのは三月二三日。何と、米政府が日本政府にマップを提供してから三日遅れだった。しかもその公表の仕方が問題で、まずエネルギー省のホームページにアップされるという有様だった。一刻一秒を争う住民避難にとって死活的とも言える重大データがしばらく日本政府内に放置されていたのだ。

あまりにもお粗末な日本政府の対応ぶり。その背景を取材してみると、以下のような「政」と「官」の断絶が浮かび上がる。

ＣＭＲＴが現地でのオペレーションに着手した三月一七日の前後、在日米大使館スタッフは東京・霞が関の外務省を訪れ、同省はじめ原発事故対応を進める原子力安全・保安院、独自の地上モニタリングを行っていた文部科学省の担当者らに対し、ＣＭＲＴの訪日とＡＭＳを使った活動概要を説明していた。しかし何と、米側からのこの重要伝達事項が、有事対応の要である首相官邸中枢に届いていなかったのだ。

事故発生当時、官房副長官として避難対策を主導した福山哲郎参院議員は二〇一二年一二月の取材に対し、「どんなチームが日本に来て、具体的にどんな活動をするのか、事前にまったく聞かされていなかった」と断言した。官房長官だった枝野幸男衆院議員も「(米国の提供した)AMSデータを活用していれば)屋内退避エリアの避難が早くなった可能性はある。なぜ政務まで上がってこなかったのか。ほんとうに遺憾だ」と話し、CMRTの活動状況について官僚サイドから何の事前説明もなかったことを明らかにした。

また当時の原子力安全委員長、班目春樹にいたっては「三月二四日頃に初めてAMSのことを知った」と証言した。「三月二四日」が事実ならば、放射能汚染マップの公表後ということになり、当時の菅直人政権下の危機管理対応がいかに迷走していたかがよくわかる。首相の政策決定を補佐すべき政府内最高位の原子力アドバイザーである班目の耳にすら、前代未聞の核危機を受けてオバマ政権中枢が日本に派遣した特殊専門チームの動向が入っていなかったのである。

人知の限界──「3・11」が照射する本質的問題

オバマ政権による核特殊専門チーム「被害管理対応チーム(CMRT)」の日本への早期投入、核超大国の最先端技術であるAMSを駆使した放射能汚染実態の迅速な解明作業と分析活動、さらに政権中枢の劣悪な意思疎通が原因となって米国の「戦略的アセット(資産)」をフルに活用できなかった日本側の稚拙な対応ぶり──。

ここまで詳述してきたこれらの事実は、核事故が内包する本質的な問題を「ポスト3・11」の現代社会に照射している。

それは、核物質であるウランやプルトニウムが核分裂することで生成される核分裂生成物(セシウム137やヨウ素131など)が、爆発事象を伴うことによって引き起こす非人道的な帰結と、それに対応する人知と人為の限界である。

核兵器の使用がこの上なくいまわしい人間的悲惨さをもたらし、放射能被害の次代への懸念が今なお完全に払拭できない事実が表象するように、核兵器の非人道性はいくら強調してもし過ぎることはない。

限定的な時間と空間を越えて、非戦闘員を残虐かつ残忍きわまりない手段によって無差別に殺戮する「最終兵器」の使用や威嚇は紛れもなく、「一般的には武力紛争に適用される国際法、

特に人道に関する国際法に違反する」（一九九六年の国際司法裁判所［ＩＣＪ］勧告的意見）のである。(1)

冷戦時代、東西両ブロックの間では核抑止論を肯定する立場から、核兵器を「必要悪」とみなす傾向が強かった。しかし、その重大な非人道的性格を考え合わせると、仮に抑止が崩壊した場合の帰結はあまりにも甚大であり、そうした帰結の到来はいかなる理由をもってしても決して正当化されるものではない。

一方、「原子力平和利用」の現場である原子力発電所で発生する爆発的事象も、非人道的な帰結を伴わざるを得ない。そのことは、東京電力福島第一原発事故発生から三年が経過しても、一〇万人以上の福島県民が故郷を追われているという冷厳な事実に凝縮されている。また、本章冒頭でも触れたように、内部被ばく実態の全容がいまだに把握・解明できていないことも、核分裂生成物がもたらす非人道的な側面を象徴しており、人知の限界を如実にわれわれに知らしめてくれる。

「救護の不可能性」という核爆発の帰結

さらに軍と民の文脈を問わず、核爆発という事象は「救護の不可能性」という非人道的な帰結と、人為の限界を暴露せざるを得ない。

米屈指の核特殊専門チームＣＭＲＴが福島にいち早く派遣されたのは、核分裂生成物が広範囲に拡散した状況下における「救護の不可能性」を米政府が強く意識していたためだ。そのことは、ＣＭＲＴがトモダチ作戦という米軍の大規模救護・救援活動の〝露払い〟だった性格を想起すれば容易に理解できる。

ＣＭＲＴが作製した放射能汚染マップが示す赤色やオレンジの高線量エリアはまさに、核爆発事象の非人道的な帰結である「救護の不可能性」を如実に示している。なぜなら、仮に救助活動要員も入れない救護不可能な高線量エリアに大勢の負傷者が取り残されていたとしたら、核爆発のもたらす非人間的な惨状がいっそう増幅されるからだ。

二〇一〇年の核拡散防止条約（ＮＰＴ）再検討会議を機に、核兵器の人道上の問題が国際世論の注意を喚起するところとなっている。同会議は最終文書で「核兵器の使用がもたらす壊滅的な人道上の帰結に対する深い懸念」を表明し、すべての国家が国際人道法を順守する必要性を言明した。また最終文書は、潘基文《バン・ギムン》国連事務総長が二〇〇八年に提唱した「五項目核軍縮提案」で触れている「核兵器禁止条約（ＮＷＣ）」にも言及した。ＮＷＣは核兵器の全面廃棄を目指して、その開発、保有、使用を包括的に禁止する条約構想だ（2010 Review Conference of the Parties to the Treaty on the Non-Proliferation of Nuclear Weapons, *Final Document*, May 2010）。

さらに二〇一一年秋には国際赤十字・赤新月社運動が、核爆発時に被害者を救護・救援する能力が欠如している実情を指摘し、「救護の不可能性」という問題点を国際社会に提起した(International Committee of Red Cross, Council of Delegates 2011: Resolution 1, "Working toward the elimination of nuclear weapons," November 26, 2011)。

こうした核爆発が引き起こす非人道的な側面から、核兵器が元来内包する人道上の問題や、使用と威嚇の非合法性をめぐる国際的な議論が近年盛り上がっており、二〇一三年三月にはノルウェーの首都オスロで初の核の非人道性をめぐる国際会議が開催された。

世界潮流から取り残される被爆国

このように、核兵器使用の非人道性や「救護の不可能性」が国際的に論じられる潮流の中で、「3・11」で核爆発の稀有な非人道的帰結をあらためて体験したはずの日本が取り残されている。

日本政府は二〇一二年一〇月、スイスやノルウェー、デンマークなど一六カ国が主導して国連総会第一委員会に提出し、最終的に計三五カ国(オブザーバー資格のバチカンを含む)が賛同した「核軍縮の人道的側面に関する共同声明」への同意を拒否した。

この決議が「核兵器の使用がもたらす人道上の帰結」を指摘している点には異論はないが、核兵器の「非合法化への努力」を謳っている点が「核の傘」に依存する日本の安全保障政策とは相容れず、NWCのような急進的に核廃絶を模索する動きによって漸進的な核廃絶への取り組みが逆行しかねない——。これが日本の署名拒否の理由だった(共同声明は "Joint Statement on the humanitarian dimension of nuclear disarmament," presented to the United Nations General Assembly First Committee by 35 nations, October, 2012 を参照)。

しかしこの共同声明を主導した国の中には、ノルウェーやデンマークといった北大西洋条約機構(NATO)加盟国が含まれており、これらの国は日本と同様、米国の供与する「核の傘」の下にある。北朝鮮の核保有や強大化する中国の軍事力といった日本を取り巻く安全保障環境を考えると、「当面は核の傘から脱却できない」というのが日本政府の主張だろうが、果たして、四度の被爆/被ばくを体験した被爆国が本来取るべき姿勢だろうか。しかもこの共同声明はたちまち「核の傘」を否定し、すぐさま核兵器の非合法化を進めようとの趣旨ではなく、そうした目標をいつしか実現するために、あくまで「努力を強化しよう」と提唱しているにすぎない。

なお、二〇一三年春にジュネーブで開かれた核拡散防止条約(NPT)再検討会議第二回準備委員会にも、同様の共同声明が提出され八〇カ国の賛同を得た。この時は核兵器の「非合法化」に関する文言が削られたにもかかわらず、日本はここでも署名を拒否している。「非合法化」のくだりを削ったスイスや南アフリカの狙いは、被爆国を賛同させることにあったとみられるが、それでも日本政府の態度は頑なだった。

そして二〇一三年一〇月、国連総会第一委員会に再度、同じ内容の共同声明がニュージーランドを中心に提案され、日本はようやく重い腰を上げて賛同するに至った。しかしながら、日本は声明文の修正協議の過程で、核廃絶を実現するに当たっては「ステップ・バイ・ステップ」を原則とした、漸進的で段階的かつ現実的なアプローチが認められるべきとの持論を展開、「核軍縮に向けたすべてのアプローチ」が尊重されるとの一文を声明文に盛り込む外交工作を行い、これに成功した。

「ステップ・バイ・ステップ」の核軍縮アプローチは日本の同盟国である米国はじめ、核保有国がかねて求める穏健なアプローチだ。より辛辣に解説するなら、核保有の特権にしがみつきながら、一足飛びに核廃絶を志向しない後ろ向きのアプローチの代名詞とも言える。日本政府はこの「ステップ・バイ・ステップ」を含めた「すべてのアプローチ」の正統性を確認する、つまり「核の傘」を提供してくれている庇護者の米国の意に逆らうつもりはないとの本意をワシントンに証明できる文言を挿入することで初めて、核兵器使用のもたらす非人道性という、きわめて基本的で至極当然の真理を唱えた共同声明に賛同したわけだ。

「核が存在する限り」

「日本の修正要求で『核軍縮に向けたすべてのアプローチ』を重視するとの文言が盛り込まれた。これにより『核が存在する限り米国の核抑止力に依存する』という日本の政策に理解が示された」。日本政府がニュージーランド提案の共同声明への賛同を決めた直後、外務省高官が私にこう語った。この言葉に、「核の傘」を絶対視する被爆国政府の本音と本質が凝縮されている。なお、この共同声明に賛同した国は全国連加盟国の三分の二にも上った。

世界唯一の被爆国に課された歴史的かつ人類史的な使命とは何か。それは、核兵器を「必要悪」とする核戦力に依存した安全保障政策からの脱却を図ることによって、本来「絶対悪」でしかない核兵器に依拠しない国策を実現することではないだろうか。

そして国際社会と後世に対し、自らの被ばく体験に立脚した説得力ある「模範」を示すことによって、核兵器の使用や威嚇を絶対に許さない新たな国際規範の形成に資することではないだろうか。「救護の不可能性」を示した「3・11」の経験を「核なき世界」にすぐさまリンクさせられない被爆国の〝非核政策〟の脆弱さを憂えているのは、私だけではあるまい。

（1）この勧告が一方で「国際法の現状を考慮すると、国家が存亡の危機にあるときの自衛のための核兵器による威嚇や核兵器の使用は、合法か違法か結論できない」としている点にも言及しておきたい。

第3章

盟約の闇

外務官僚，安保改定半世紀の激白

京都市内で取材に応じる村田良平元外務
事務次官（2009年3月18日，共同）

占領の残滓

過去半世紀以上の長きにわたり、日本の歴代政権が国防の「要諦」と位置付け、国家安全保障上の国益の「根幹」とみなしてきた日米安全保障条約。先の戦争に敗れた日本に主権国家としての独立を認めたサンフランシスコ講和条約と同じ一九五一年九月に調印された旧日米安保条約は、米軍占領統治の名残が色濃い、実に差別的な条約だった。

まず、「アメリカ合衆国の陸軍、空軍及び海軍を日本国内及びその附近に配備する権利を、日本国は、許与し、アメリカ合衆国は、これを受諾する」と第一条に明記された旧日米安保条約は、「外部の国による教唆又は干渉によって引き起こされた日本国における大規模の内乱及び騒じょう」に米軍が介入し、鎮圧することを認めていた。もちろんその際は主権国である日本の「明示の要請」が前提となるが、第二次世界大戦後にいったん武装解除された日本が内戦を通じて東側の共産陣営ブロックに組み込まれないよう、同盟の盟主米国はこの「内乱条項」の創設によって、武力で日本を西側陣営に引き留める道筋を担保した。

さらに旧日米安保条約は日本の「希望」に基づき、「日本国に対する武力攻撃を阻止するため日本国内及びその附近にアメリカ合衆国がその軍隊を維持する」こととし、「日本国は、アメリカ合衆国の事前の同意なくして、基地、基地における若しくは基地に関する権利、権力若しくは権能、駐兵若しくは演習の権利又は陸軍、空軍若しくは海軍の通過の権利を第三国に許与しない」(第二条)と規定した。これによって、米軍が日本の国土を独占利用する強固な法的基盤が築かれた。一方、この旧安保条約には、米国の日本防衛義務を明確に定めた条文は見あたらない。

そして、おそらく最も差別的なのは「アメリカ合衆国の軍隊の日本国内及びその附近における配備を規律する条件は、両政府間の行政協定で決定する」と書かれた第三条であろう。この条文によって、日本国内における米軍の運用、つまり米軍による各種兵器の持ち込みや日本を拠点とした戦闘作戦行動に関する取り決めは、安保条約にぶら下がる日米行政協定によってルール化されることとなり、米国は自分たちが受諾可能な制約のみをこの協定を通じて受け入れることになったからだ。

その結果、広島、長崎への原爆投下で人類史上初の核攻撃を受けた日本に核兵器を持ち込む際、米国は特段の制約を受けないことになった。その気にさえなれば、米大統領の腹づもり一つで米軍は自由に日本の領海や港湾、さらに陸上にも核兵器が持ち込めたのである。後述するが、現に米軍は一九五三年一〇月の空母「オリスカニ」の横須賀寄港を嚆矢として、九一年末のソ連邦消滅によって冷戦が完全終結するまでの間、核兵器を艦船に搭載させた状態で核持ち込みを常態化させていた（新原昭治『「核兵器使用計画」を読み解く――アメリカ新核戦略と日本』新日本出版社、二〇〇二年、第三章および拙著『日米「核密約」の全貌』第二章を参照）。

また第三条に依拠した行政協定の定めるところによって、米軍部隊が朝鮮半島や台湾海峡などに向け日本国内の米軍基地から出撃するに当たっても何ら足かせがはめられないのが、この旧日米安保条約の大きな特徴だった。

核兵器の持ち込みと日本からの戦闘作戦行動をめぐり米軍に与えられたフリーハンド――。このことに象徴される旧日米安保条約はきわめて差別性の強い条約であり、無分別でむこうみずとしかいいようのない先の対米開戦の帰結がもたらした米軍占領の〝残滓〟と言えた。

戦後日米史最大の「闇」

こうした日本に差別的な旧日米安保条約は一九六〇年に改定され、岸信介首相ら日米両国の全権代表は一月一九日に、ワシントンで新たな日米安全保障条約に署名した。それから五〇余年後の現在にも続くこの新日米安保条約は、戦後日米史に最大の「闇」を作り出した。

その「闇」とは、一九九〇年代初頭のソ連邦消滅まで続いた東西冷戦時代において、核兵器を搭載した米海軍艦船の日本の港湾への寄港、日本領海の通過を日本の歴代保守政権が黙認することを可能にした「核持ち込みに関する密約(核密約)」だ。改定された日米安保条約第六条(米軍の施設・区域使用)に基づき、岸首相とクリスチャン・ハーター国務長官は一九六〇年一月に「岸ｰハーター交換公文」を交わすが、そこでは①米軍の日本への配置における重要な変更、②米軍の装備における重要な変更、③日本から行われる米軍の戦闘作戦行動——が新設された日米間の「事前協議」の対象となった。

事前協議制度は旧日米安保条約の差別性解消を狙った安保改定の目玉だった。既に指摘したように、旧安保条約下では米軍が核兵器を日本に持ち込むのに何の法的制約もなく、日本に相談なしで在日米軍基地に核を配備することすら決して不可能ではなかった。そんな日米安保の非対称で対等性を著しく欠いた制度設計を改善しようと、首相の岸はじめ日本側が躍起になって改定条約に盛り込んだのが、この事前協議制度だった。これによって「米軍の装備における重要な変更」、具体的には核兵器の持ち込みを米軍が行う場合は、事前に日本の政府当局に相談しなくてはならなくなった。

事前協議はあくまで事前のコンサルテーション(協議、相談)を意味するものであり、決して事前承諾ではない。したがって、明示的に日本側に核持ち込みへの拒否権が付与されたものではなかったが、仮に日本が核持ち込みに「NO」を突きつければ、米国はそう易々とは核兵器を持ち込めないだろう。無理に持ち込めば同盟瓦解の恐れもあり、政治的なコストを伴うからだ。

非公開文書「機密討論記録」

「岸－ハーター交換公文」の作成と合わせて、日米両国はある機密文書に署名している。それは「機密討論記録(二〇〇九～一〇年に日米密約調査を行った外務省有識者委員会は『討議の記録』と表現)」と呼ばれる非公開文書だ。

その内容は次項で詳しく紹介するが、安保改定直前の一九六〇年一月六日に藤山愛一郎外相とダグラス・マッカーサー2世駐日米大使が東京でイニシャル署名したこの「機密討論記録」を根拠に、米国は一九五三年から冷戦終結の九〇年代初頭まで事前協議を一度も行うことなく、核兵器を搭載した空母や攻撃型潜水艦、駆逐艦などを横須賀や佐世保に寄港させてきた。この「機密討論記録」の中に、事前協議の対象から、核搭載した米軍艦船や米軍用機の日本領海、領土内への「通過・寄港、飛来」を除外すると解釈できる文言が盛り込まれているからだ。

これによって、一九五一年のサンフランシスコ講和条約調印と同時に結ばれた旧日米安保条約下で無制限に行われていた核搭載艦船（以下、核艦船とも表記）の日本への「立ち寄り（英語でトランジット）」が、事前協議制度の創設で日本に発言権を付与したはずの改定安保条約下でも可能となった。そして、この「機密討論記録」すなわち核密約の成立によって、日本国民の目には「核持ち込み」としか映らない事態が、その後冷戦期を通じて常態化していったのである。

この核密約をめぐっては、民主党が政権を奪取する二〇〇九年まで、歴代政権は一貫してその存在を否定してきた。しかも冷戦終結に伴う米政府の政策転換により、既に米軍核艦船が日本に寄港する軍事的必要性が消滅したにもかかわらず、日本政府の欺瞞的な態度、より平たく言うなら「国家のウソ」は〇九年まで跋扈した。

たとえば小渕恵三首相は、「機密討論記録」の草案が米国で開示された直後の二〇〇〇年三月二九日の党首討論で、「密約が存在しないことは歴代の総理、外相が明確に述べており、私も確信を持って密約でないと申し上げたい」と断言した。また、社会党（現社民党）委員長として自民、社会、さきがけの連立政権を率いた村山富市首相も一九九五年五月一八日の衆院予算委員会で「日米には信頼関係が確立されており（核持ち込みの）疑念と心配はない」と答弁している。「日米安保廃棄」を長年の党是としてきた、あの社会党をもってして、このざまだったと言わざるを得ない。

一方、米軍核艦船が日本への寄港・通過を繰り返してきた実情は、一九八一年五月のライシャワー駐日米大使や、七四年九月のラロック退役海軍少将ら米側関係者の証言により、再三指摘されてきた。特にライシャワーは、核艦船寄港を可能とする「口頭了解」が日米間にあったとまで明言していた。

日本の歴代政権首脳部がその存在をかたくなに否定する傍ら、米側要人がその存在を言明してきた核持ち込みに関する日米間の秘密合意。そんな核密約に関し、一九六〇年の安保改定、すなわち密約締結から丸半世紀を目前に控えた二〇〇九年、日本でも、重く長い沈黙を破る動きが突如として現れた。外務官僚機構トップの地位にあった外務事務次官経験者や、条約局(現国際法局)などで日米安保条約を所管した元外務省幹部らが、それまでは外部の何人たりとも目視することのできなかった漆黒の「闇」について語り始めたのだ。

私が得た一連の証言はいずれも生々しく、「官僚主導」で行われてきた日米安保の運用実態を厳然とあぶり出すものだった。以下、安保改定半世紀を前に私が「歴史の証人」から聞いた証言を紹介しながら、核密約について詳説していきたい。

密約形成のプロセス

「歴史の証人」の肉声を紹介する前に、核密約が日米両国間でいかに結ばれていったか、そのプロセスの概略を、機密指定が解除された日米の公文書に基づき整理しておこう。

米軍核艦船の通過・寄港を容認する日米間の秘密合意のからくりは、安保改定交渉が大詰めを迎える一九五九年六月に文書化され、翌六〇年一月六日付で藤山外相とマッカーサー大使がイニシャル署名した「機密討論記録」に凝縮されている。この「機密討論記録」は、安保改定の「目玉」だった事前協議制度について、日米双方がその運用にあたって共通の理解を深めるために作成されたものだった。なお繰り返すが、日米間の事前協議が必要となるケースは、①米軍の日本への配置における重要な変更、②米軍の装備における重要な変更、③日本から行われる米軍の戦闘作戦行動——の三類型だ。

鳩山由紀夫政権下の二〇〇九年秋から一〇年三月にかけて行われた日米密約調査でも開示された「機密討論記録」の「2項c」にはこう記されている。

「『事前協議』は、合衆国軍隊の日本国への配置における重要な変更の場合を除き、合衆国軍隊とその装備の日本国への配置に関する現行の手続き、並びに**合衆国軍機の飛来や合衆国海軍艦船による日本国領海および同港湾への進入に関する現行の手続き**（筆者註：英語で

present procedures）に影響を与えるものと解釈されない」（太字は筆者、以下同）

この記述から読み取れるのは、日本の領海や港湾を通過・寄港、ないしは日本領内に飛来する米軍艦船と米軍用機の運用に関する「現行の手続き」が事前協議の影響を受けない、つまり事前協議の対象とはならないという点である。そこで問題となるのが、「現行の手続き」が意味するところだ。いったい「現行の手続き」とは具体的に何を指すのか。

その「解」は、いかなる事態において日本との事前協議が必要か否か、その具体的な類型をまとめた、ある米公文書に記されていた。この文書は「日米安保条約に基づく協議手続きの説明」と題した国務省のメモで、安保改定に関する重要情報をまとめた「会議用ブリーフィング・ブック」（米国立公文書館保管の国務省極東局東アジア部ファイルに収蔵）に含まれていた。メモには以下の記載がある（"Description of Consultation Arrangements under the Treaty of Mutual Cooperation and Security with Japan," Bureau of Far Eastern Affairs, Office of East Asian Affairs, Central Files, 1947–1964, Box24, U. S.-Japan Treaty of Mutual Cooperation and Security, RG 59, National Archives, obtained by the National Security Archives, Washington D. C. を参照）。

日本との〔事前〕協議が不要なもの

（中略）

C．**合衆国の艦船および航空機による日本国内の港や航空基地への立ち寄り。装備の中身に関わりなく**（機密）

D．核コンポーネントをもたない短距離ミサイルを含む非核兵器の日本への持ちこみ（機密）

右記「C．」にある「装備の中身に関わりなく」との表現から、核兵器を搭載していようがいまいが、米軍の「艦船および航空機による日本国内の港や航空基地への立ち寄り」が事前協議の「不要なもの」、つまり協議対象外となっていることが明白にわかる。

米海軍は、一九五三年一〇月に核搭載した空母「オリスカニ」の横須賀寄港以来、艦船によって日本の領海や港湾内に頻繁に核を持ち込んできた経緯がある。したがって、日本への核持ち込みに何の制約もなかった旧日米安保条約体制下における既得権の確保、すなわち事前協議の影響を何ら受けない「現行の手続き」の継続を狙ったのが、「機密討論記録」の「2項c」だったわけだ（核搭載したオリスカニの日本寄港の詳細に関しては James D. Ramage, "Taking A-bombs to sea," *Naval History* (Jan/Feb 1995); Memorandum for the Record, "Presidential Conference on the Transit of U. S. Nuclear Armed War Ship through Japan Ports," March 26, 1963, Top Secret; 新原『「核兵器使用計画」を読み解く』一六八―一七一頁を参照)。

「広義の密約」というまどろっこしい結論

ただ一方で、「機密討論記録」を果たして密約文書と明確に位置づけていいのかどうか、この点をめぐってはいまだに論争がある。

二〇一〇年三月に日米密約調査の最終報告をまとめた外務省有識者委員会は、問題の「2項c」について、「核兵器の『持ち込み』に関する了解であるという認識は、日本側の交渉者にはなかった」として、「機密討論記録」を密約文書ではないと結論づけている。有識者委は「2項cの文言をそれだけで、核持ち込みの事前協議に例外を設ける了解と見ることは難しいように思われる」と指摘、「機密討論記録」に対する「明確な合意」が日米間にないことから、同記録を密約文書とはみなさず、核密約を密約文書に基づく「狭義の密約」ではなく、文書に基づかないが「暗黙のうちに存在する合意や了解」からなる「広義の密約」と判断した(外務省有識者委員会「いわゆる『密約』問題に関する有識者委員会報告書」二〇一〇年、第二章を参照)。

核密約を密約といちおう認定したものの、「広義の密約」という言葉遣い自体、どこか腰が引けており、何ともまどろっこしい。なお有識者委は「密約」を「二国間の場合、両国間の合意あるいは了解であって、国民に知らされておらず、かつ、公表されている合意や了解と異なる重要な内容（追加的に重要な権利や自由を他国に与えるか、あるいは重要な義務や負担を自国に引き受ける内容）を持つもの」と定義している。

日米密約の徹底究明を目的に民主党・鳩山政権下の外相、岡田克也の肝いりで作られた有識者委員会だったが、「機密討論記録」を密約文書そのものとみなさず、核密約が一九六〇年代を通じて段階的に密約化していったという、隔靴掻痒とも言える結論に至った背景には一つの米側文書の存在があった。それは「機密討論記録」の作成過程を振り返った一九六六年作成の「日本と琉球諸島における米基地権の比較」と呼ばれる米陸軍の記録だ。

一九七二年まで沖縄を統治した米軍が支配下に置く琉球民政府の関連文書を集めた米国立公文書館の所蔵ファイルに収められているこの文書には、こんな一節がある。

「艦船と航空機に搭載した核の問題が最後まで直接日本側に提起されることはなく、〔日米両国は〕いかなる具体的な了解に達することもなかった」（"Comparison of U. S. Base Rights in

Japan and the Ryukyu Islands," Secret, Box8, History of Civil Administration of the Ryukyu Islands, RG319, National Archives）

このくだりからは、核艦船の通過・寄港を事前協議の対象に含めるか否か、つまり「現行の手続き」とみなすかどうかをめぐり、一九六〇年の安保改定段階で日米外交当局間の詰めた協議が行われず、岸政権とアイゼンハワー政権の間にはっきりした共通認識がなかったことがわかる。

ただ一方で、この文書にはこんな記述も登場する。

「米艦船が核兵器を積んで日本に寄港する慣行は、一九六〇年以前に確立された。米国の交渉担当者は、日本政府上層部が米艦船によって核が時おり日本の領海内に持ち込まれていることに薄々気付いていながら、事の真相を突き止めることを望まなかった、と強く印象づけられた。その結果、ワシントンの当局者は『現行の手続き』には装備に関する慣行が含まれると解釈し、岸首相がこの解釈を無言のうちに受け入れていると受け止めた」

この書きぶりだと、核艦船の通過・寄港権を安保改定後も死守したい米側が、その点について必ずしも明確な理解がなかった日本側の認識不足に付け込む形で「機密討論記録」を作成、我田引水の解釈に導いたと読めなくもない。

だが、そんなあいまいさを残した「機密討論記録」は、安保改定から三年後に日米間で解釈のすり合わせが行われ、名実ともに「密約」と呼ぶにふさわしい秘密合意として確立されていく。解釈のすり合わせが行われた場面は、一九六三年四月四日の大平正芳外相とライシャワー駐日米大使の秘密会談だった。なお、この秘密会談の内容を綴ったライシャワー大使のラスク国務長官あて極秘公電は一九九〇年代末に開示されており、研究者の間では既によく知られた歴史資料となっている(Cable 2335 from Reischauer to Rusk, Secret(Eyes Only), April 4, 1963, Central Foreign Policy Files, RG59, National Archives)。

大平‐ライシャワー会談はなぜ開かれたか

岸の後任、池田勇人首相は「機密討論記録」に関する認識を持たないまま、「核弾頭を持った潜水艦は、日本に寄港を認めない」などの国会答弁を行った。そのため、日本側が核密約を反故にしたかもしれないと焦燥感を募らせたケネディ政権上層部は、ライシャワーに池田政権の真意を探らせることにした。

その結果開かれたのが、一九六三年四月四日の大平とライシャワーの朝食を兼ねた秘密会談だった。両者の発言を記したライシャワーの極秘公電によると、核艦船の通過・寄港は事前協議が必要な「持ち込み(イントロダクション)」に含まれないとのライシャワーの説明を、大平が全面的に受け入れている。大平は会談で「(米側の)解釈だと、『イントロデュース』は艦船上の核兵器が日本の領海や港湾に入るケースには該当しない」と述べ、日本側はこれまで「持ち込み」という言葉を「こうした厳格な意味で使ったことはなかったが、今後はそうする」と言明した。

この大平-ライシャワー会談後も米外交当局は一九六〇年代を通じて、核艦船の通過・寄港を事前協議の対象外とする解釈が日本の首相交代などに伴って日本側に十分浸透してないと判断したときは、ライシャワーが大平に対してそうしたように、駐日大使らが日本側と解釈の確認を行い、「機密討論記録」が意味するところを日本政府にすり込んできた。

外務省の有識者委員会はこうした経過を踏まえ、核艦船の日本寄港を黙認する核密約が「機密討論記録」だけをもってして即時形成されたのではなく、幾度かの外交折衝を通じて、核艦船の寄港問題を「深追い」することで同盟の運営に支障が出ないようにする「暗黙の合意」が形成されていったと断定。寄港問題の「処理」をめぐって日米間に合意が存在したとして、「広義の密約」説を展開した。

覆る定説——発見された秘密書簡

前々項の冒頭で、「『機密討論記録』を果たして密約文書と明確に位置づけていいのかどうか、この点をめぐってはいまだに論争がある」と記述したのは他でもない。政府による権威付けのある有識者委員会が「機密討論記録」を密約文書ではないと認定したのに対し、私は「機密討論記録」が紛れもなく密約文書だと考えており、この見方に同調する専門家も少なからずいるからだ。私がこう断言する理由をこれから詳述する。

まず、有識者委の日米密約調査が終了した直後の二〇一〇年六月に存在が明らかになった米側公文書の存在を指摘したい。それは、一九六三年三月一五日付で在日米大使館一等書記官のアール・リッチーが国務省の日本担当官、ロバート・フィアリーに送った秘密書簡だ。この中でリッチーは、フィアリーが六二年二月一二日付で自身に宛てた書簡を引用する形で、こう明記している(Letter from Earle J. Richey to Robert A. Fearey, March 15, 1963, Secret, Japan, Classified General Records, 1952–1963, Box107, RG84, National Archives)。

「機密討論記録の2項cの意味は、〔改定日米安保〕条約交渉時、岸と藤山によって明確に理解されていた」

フィアリーは日米安保改定時、東京の米大使館に在勤し、対日交渉でマッカーサー大使を補佐する立場にあった。そんなフィアリーが「2項c」について、当時の日本側の認識をかくもきっぱりと明言していることの重大さは、強調しすぎても強調しすぎることはない。「2項c」の意味を岸や藤山が「明確に理解」していたということは、安保改定を主導した日本の政権中枢が「機密討論記録」の密約性を認識したことの証にほかならないからだ。「機密討論記録」そのものを密約文書とまで言い切れないとして「広義の密約」を唱えた外務省有識者委員会の「定説」は、この秘密書簡の存在発覚によって、もろくも崩れ去ったと言ってもいい(この書簡は黒崎輝福島大准教授が二〇一〇年春に米国立公文書館で発見し、私に提供してくれたことを付記しておきたい)。

なお、リッチーとフィアリーの間でこの書簡がやり取りされていた一九六三年は、米新型原子力潜水艦の寄港容認をめぐり日本の国会で一大論争が起きていた時期と重なる。当時の池田勇人政権の閣僚が「核兵器を搭載した米軍潜水艦の日本寄港を認めない」と答弁したことに米側は驚愕し、リッチーは安保改定時の大使館所蔵記録を調べた上で、フィアリーに改定時の状況について詳細を問い合わせていた。結局、リッチーは「2項c」をめぐる日米間のやり取りを記した記録を探し当てることはできず、「第七艦隊の艦船や航空機に搭載された核兵器の問題は、安保改定交渉時、あまりにも政治的に機微だった。そのため日本政府とのいかなる協議も、マッカーサーと岸、藤山の間に限定され、記録が残されなかったと結論付けざるを得ない」と、先のフィアリー宛秘密書簡にしたためている。

「日本国民はこの取り決めを知らない」

これ以外にも、一九六〇年の安保改定段階で日本側が「機密討論記録」の密約性を認識していたことを物語る一次資料が米側に存在する。それは、六一年六月二〇～二三日の池田首相のワシントン訪問を控え、ジョン・F・ケネディ大統領のために作成された同月一四日付の国務省メモ「池田首相のワシントン訪問―米原子力潜水艦の日本招待」だ(Memorandum, "Visit of Prime Minister Ikeda to Washington, June 20-23, 1961," June 14, 1961, Secret, Conference Files, Box 254, Central Foreign Policy Files, RG59, National Archives)。

このメモには以下の記述がある。

「日本との条約上の取り決めでは、核兵器が日本に持ち込まれる前に正式な協議が必要となるが、日本に立ち寄る艦船、航空機上の兵器は問題としないとの点について日本政府は実際、ひそかに同意している。日本国民はこの秘密の取り決めを知らない」

大統領のために作成される首脳会談用資料は通常、過去の外交交渉の経緯を精緻に踏まえ、外交当局による周到な準備の上に作成される。そんな最重要資料にここまではっきりと書かれていることの意味は重大だ。

このメモが書かれたタイミングは日米安保改定の翌年であり、ケネディ政権の発足から五カ月にも満たない。しかも、この段階でケネディ政権と池田政権の間で日本に寄港する核艦船の取り扱いをめぐる話し合いが行われた形跡は見あたらない。となると、「日本に立ち寄る艦船、航空機上の兵器は問題としないとの点」に日本が「ひそかに同意」したのは、一九六〇年の安保改定時だったとしか考えられない。

つまり一九六〇年の安保改定の時点において、日本政府は艦船、航空機上の核兵器を事前協議の対象外とする点に「ひそかに同意」しながら、日本国民に「秘密の取り決め」を告知していなかったことになる。やはり安保改定の際に岸政権とアイゼンハワー政権の間で核密約が成立しており、そのベースとなったのは「機密討論記録」だったのだ。

秘蔵のテープ

さらに、「機密討論記録」の解釈に対する日本側の認識をより明白に物語る日本側関係者の証言がある。それは、外務事務次官として同記録の作成に関与した山田久就が生前、政治学者の原彬久とのインタビューで残した証言だ。山田は原に対し「核艦船の寄港も事前協議の対象に含まれる」とした一九六〇年安保国会における政府答弁は「野党の追及を怖れる〝とりつくろい〟にすぎなかった」と証言している。そしてその証言は、原が長年自身の書斎に保管していた秘蔵のテープにしっかりと録音されていた。

改定安保条約の国会批准に政治生命を懸けた岸政権は、核艦船の寄港問題をめぐる野党の追及を受け、「日本の港に入っておる場合に、そういう〔核〕装備をする場合には、第七艦隊といえども、これは事前協議の対象になる」（赤城宗徳防衛庁長官の一九六〇年四月一九日の衆議院安保特別委員会での答弁）との説明を国民に行った。この赤城答弁作成に当たっては、外務省条約局を中心に「擬問擬答」の作業が行われ、同省北米局と防衛庁、内閣法制局も加わって「『核持ち込み』には『寄港・通過も含む』」との線で政府見解が一致したという(原彬久『戦後日本と国際政治――安保改定の政治力学』中央公論社、一九八八年、三五七―三五八頁)。

既に外交現場の第一線から退いて久しい山田は一九八一年一〇月一四日、原のインタビューに対し、赤城答弁が国会追及をかわすための「(対)野党戦術」だったと述べたほか、「陸上に大きな核兵器を持ってくるということがイントロダクション。通過なんていうのは問題じゃない」と言明している。そして事前協議対象となる「核持ち込み」には、核艦船の通過や寄港といった「トランジット」が含まれないとの明確な認識が日本側にあったと証言している。

山田は「非核三原則」についても「バカな話」と一蹴した上、米側から核持ち込み要請があれば「イエスもあればノーもある」というのが日本政府の基本的な立場だったとも原に語った。この言葉の裏側には、米国の「核のパワー」を心底信奉し、「核の傘」に庇護されている以上、有事における日本本土への核配備を認めるのはあたりまえという核抑止信仰の本音がのぞく。

こうして見てくると、核搭載した艦船や航空機の日本への一時立ち寄りを事前協議の対象外とする論拠を米側に与えた「機密討論記録」は、やはり密約文書と性格づけるべきだろう。一九六〇年の段階で日本側は、核の「持ち込み」、つまり「イントロダクション」には艦船寄港などを通じた核の一時立ち寄りは含まれないし、搭載された装備の種類にかかわらず艦船の通過・寄港は事前協議の対象にならないとの米側解釈を認知していたのだ。そのことはまた、日本側が海洋上の核戦力運用のフリーハンドを死守したい米側の立場を黙認し、米軍の核持ち込みを規制するはずの事前協議制度を空洞化させていたことを意味する。「機密討論記録」は、そんな日米黙約の基盤をなす密約文書の性格を内包していたと言っていい。

引き継がれた密約メモ　村田良平の証言

ここからは、私が安保改定から半世紀を迎えようとしていた二〇〇九年の春に得た「歴史の証言者」の肉声を具体的に紹介したい。

核密約について最初に具体的な証言を行ったのは、冷戦の終焉時期と重なる一九八七年から八九年に外務事務次官を務めた村田良平だ。村田は私がインタビューを行った前年の二〇〇八年、自身の四〇年以上の外交官生活を振り返った回想録を出版、その中で核密約の存在を認め、歴代政権は国民に虚偽の答弁を行っていたと書いていた(村田良平『村田良平回想録――戦いに敗れし国に仕えて　上巻』ミネルヴァ書房、二〇〇八年、二〇六―二〇七頁)。

回想録の存在を知った私は村田に取材を申し込み、二〇〇九年三月一八日に京都にある彼の自宅で初めて面会した。二時間を優に超えるインタビューの中で、村田は当初「オフレコ」を条件に、回想録では触れていなかった核密約に関する詳細情報をもたらした。インタビュー記録の重要箇所を以下に引用する。

歴代の事務次官は必ず引き継ぎの時に、核に関しては日米間でこういう了解がある、ということを前任者から聞いて、それをメモにしておいて次の次官に「これはこうだよ」と引き継ぐという格好を〔取ってきた〕。これは書かないで下さい。

（問い：そういう引き継ぎがあったのか？）

はい。これは大秘密だった。

（問い：核を積んで入ってくる船は対象外ということか？）

そうそう。

（問い：飛行機に積んでくるものも？）

まあそうですね。

（問い：これは「現行の手続き」に当たるから、事前協議の対象ではないということか？）

ならないということは、もう初めから了解されていると、六〇年にね。

（問い：一九六〇年に了解されている？）

うん。だから、ずっと〔政府は〕ウソをついていると私は書けるんです、自信をもって。

（問い：あなた自身も引き継いだ？）

ええ。そのことはまったく口で覚えているわけではないから、そういうことを字にした、タイプすらしてないメモ書き的な紙というのがあったし、私はそれを読みました。

（問い：誰が書いたのか？）

それは定かではない……それは覚えておりません。

最大のポイントは、外務省内に核密約に関する「メモ書き的な紙」が残されており、それを歴代事務次官が引き継いできたという点だった。先に言及した大平‐ライシャワー秘密会談を記録したライシャワーの極秘公電が米国立公文書館で見つかったことを一九九九年夏に報じて以降、私は一〇年近く東京とワシントンで取材や公文書調査を通じた密約解明への作業を続けてきたが、日本側にも関連文書が存在することを耳にしたのはこの時が初めてだった。

なお村田は二〇〇九年五月一四日の再取材で、私の「オフレコ解除」要請に同意し、右記の引用箇所を「外務事務次官経験者」の発言として報じることを認めてくれた。さらに、私が書いた同年五月三一日付の共同通信配信記事「歴代外務事務次官らが管理　日米の核持ち込み密約」を受けて、西日本新聞が六月二八日付朝刊で村田の証言を実名で報じると、彼は実名報道への切り替えを了承してくれた。

三月一八日の最初のインタビューで聞いた村田の激白を糧として、私は存命中の外務事務次官経験者を洗い出し、一人一人をつぶしていく「じゅうたん爆撃」取材を敢行していった。そして五月下旬までに村田を除く六人を取材、うち三人から具体的な証言を得ることができた。ただし、それらはいずれも匿名を条件とするものだった。

次官と北米、条約両局の2トラックで密約を継承

まず外務事務次官経験者Aは、核艦船の通過・寄港を事前協議の対象外とした「機密討論記録」の趣旨について「そういう考え方というのは、ずっと我々知っていました」と語った上で、同討論記録の解釈を日米ですり合わせた大平‐ライシャワー秘密会談の内容についても「そりゃあ聞いていています。何か飯の時に確認したんじゃないかな。〔大平が米大使〕公邸に行って」と言明した。さらに、同秘密会談に関する記録が外務省に「残されているはずです」と付け加えた。

村田の証言から、次官引き継ぎ用の「メモ書き的な紙」が存在することがわかっていたが、Aの証言はそれより数歩先を行っていた。なぜなら核密約が日本側でも継承されていく歴史的転換点となる大平 - ライシャワー秘密会談の存在を外務省中枢が把握しており、それが文書記録として外務省内に保管されている新事実を暴露していたからだ。このことは、後に発足する外務省有識者委員会の調査でも確認されるところとなる。

Aはさらにこう続けた。「〔こうしたことは次官に就任する〕もっと前から知っています。条約局（現国際法局）の中ではみんなと言うか、安保条約を担当している者はみんな知っています」。核密約の引き継ぎは村田が指摘するような次官同士に限定されたものではなく、日米安保条約の解釈を所管する条約担当部局でも組織的かつ体系的に行われていたのだ。

次官経験者Bもこう語った。「〔核密約のことを知ったのは〕条約課長の時。下の人間から聞いた。キーは何と言っても北米局の日米安保課。それから北米局長。条約局は国会答弁の責任があるというのと、条約だからその解釈で関わっていた」

この証言からは、核密約を所管していた主たる部門が、北米局だったことがわかる。この点について北米局長経験者Cは、自身が局長だった時点で「機密討論記録」が意味する内容や大平 - ライシャワー秘密会談のことを把握していたと述べ、北米局の関与があったことをはっきりと認めた。
さらに、次官経験者ではないが、条約局長などの要職を歴任した元外務省幹部Dは、私が二〇〇九年五月三一日に村田ら四人の外務事務次官経験者の証言内容を詳説する記事を配信し、密約問題が新聞紙面を賑わせるようになった同年七月、こんな証言を行った。

「条約局に〔機密討論記録の〕コピーがありました。ファイルにちゃんと入っていた。これはずっと〔省内に〕あったんじゃないですか。六〇年にサインしているわけですから。原本は北米局にある」

この言葉を聞いた時は自分の耳を疑った。それまでの次官経験者への取材から、「機密討論記録」や大平-ライシャワー秘密会談に関する内容をまとめた日本語の記録が存在したことは確認できた。しかし、核密約の原型をかたどる「機密討論記録」そのものが外務省内に保管されているのを知ったのは、この時が初めてだったからだ。取材の中で私はDに「ほんとうに機密討論記録の原文があったのか」と複数回念を押したが、「外務省の事務当局がこの紙の存在を知らないなんてあり得ない」との確信に満ちた答えだけが返ってきた。

ここまで見てきた証言から、核密約の継承は北米、条約両局という日米安保条約を所管する担当部局中枢と、外務事務次官という「2トラック」で行われていたことがわかる。村田は条約局にも一時在籍したが、ポストは局審議官で、重要政策決定のラインから外れていた。だから核密約のことを知らずに次官まで上り詰め、前任者から「メモ書き的な紙」で核密約に関する引き継ぎを受けた。これに対し、北米、条約両局の課長や局長を経験した事務次官は次官就任前の両局在籍中に引き継ぎを既に受けており、それを熟知した上で事務方の最高ポストに就いた。

両局出身の彼らは村田とは違って、「メモ書き的な紙」など読む必要すらなかった。次官同士の引き継ぎはあくまで「表」のトラック、これに対し、両局中枢によるものは「裏」であり密約継承のメインストリームだったと分析できる。

「官僚主導」の密約管理

外務次官経験者らの証言からは、もう一つの重大事実が浮かび上がった。それは、事務次官ら外務省の事務方中枢の裁量で政治家に重要情報を伝えるか伝えないかを決める「官僚主導」の密約管理の実態だ。

次官経験者Bはこう証言した。

「大臣が替わってすぐ〔また〕替わりそうだと思うと、そういう話はしない。〔問い：喋りそうな人にも？〕ええ。長く〔外務省に〕いそうでかつ立派な人となると、ブリーフをするのだと思います。するのは基本的に北米局長。（中略）私は総理にこの話をしたことはなかった」

長続きしそうで「立派な」外相だけに密約のことを教えていたという。確かに、日本の政治家には官僚と比べて口の軽い人が多い。この説明を聞いた時、私自身、国家の重大機密を扱う事務方がこんな風に考えるのも「さもありなん」と受け止めてしまった。

しかし、議院内閣制を取る日本の民主主義の本義からして、民意で選ばれた国会に信任された内閣の担当閣僚に、これほどの重要案件を「こいつは信用ならん」との高級官僚の〝皮膚感覚〟だけで伝達しなかったというのは、驚愕すべき事実だ。一聞しただけでは、にわかに信じられない話でもある。

だが、同様の証言が他の事務次官経験者からも相次いだ。次官経験者Eは「形式論としては時の首相、外相に必ず報告すべき事項だが、大きな問題なので、僭越かもしれないが、役人サイドが選別していた」と証言。別の経験者も「〔伝えるか伝えないかは〕人によりけり。危ない人には言わなかったと思う」と語った上で、外務省が信頼していた首相、外相として橋本龍太郎と小渕恵三の名前を挙げた。

「東郷メモ」

私がこうした外務事務次官らの激白を二〇〇九年五月末に報じたのを機に、マスコミや日本の論断では密約問題が再燃、〇九年八月末の総選挙の争点にも浮上し、同九月に発足した鳩山由紀夫政権の下で岡田克也外相が主導する日米密約調査が進められた。その結果、有識者委員会の調査結果とともに、これに関連する外務省の公文書が大量に公開され、その中には村田が私に指摘していた「メモ書き的な紙」も含まれていた。それは「装備の重要な変更に関する事前協議の件」と題した一九六八年一月二七日作成の手書きの八ページの文書、当時の東郷文彦北米局長が書いたいわゆる「東郷メモ」と呼ばれる極秘文書だ（このメモには「機密討論記録」のコピーと一九八九年に当時の外務事務次官栗山尚一が海部俊樹首相らに行った補足説明が添付されている）。

この「東郷メモ」には、東郷がメモ作成前日の一月二六日に小笠原諸島へ向かう機中でアレキシス・ジョンソン駐日米大使から聞いた話がまとめられている。このメモによると、ジョンソンは東郷に以下のポイントを伝達した。

①一九六三年四月に当時のライシャワー駐日大使が大平外相に「事前協議に言う『持ち込み』とは持ってきて置いておくことで、核兵器搭載の艦船・航空機の一時的な立ち寄りは『持ち込み』に該当しないのではないか」との考え方を述べた。これに大平は確たる見解を示さなかった。

②一九六四年一二月二九日、ライシャワーはこの年首相に就任した佐藤栄作に対し、大平に行った①にある説明を繰り返し、「もし日本側に問題があれば」指摘してもらいたいと伝達した。

③この後、佐藤からは何の返答もなかったので、米側は日本側が①にある「持ち込み」の解釈を承知した上で「米側が日本側の意に反することはしない（寄港も含めて核を持ち込むことはない）」と公言しているものと理解してきた。

東郷は一九六〇年の安保改定時、外務省安全保障課長として改定交渉に深く関与している。そしておそらく、本章で私が幾度となく取り上げてきた「機密討論記録」の作成についても裏事情に通じる立場にあった。東郷は安保改定後、しばらく東京を離れ外国に赴任するが、その東郷が安保改定から八年後、核搭載した艦船と飛行機の扱いをめぐり、ジョンソンから米側の意図するところをあらためて指摘された経緯を示すのが、この「東郷メモ」だ。

東郷は結局、ジョンソンのこの指摘を受け、日本においては既に歴代内閣が核艦船の「一時的な立ち寄り」も「核の持ち込み」と公言してきたこと、さらに米軍が艦船や飛行機に搭載された個々の核兵器の有無を明らかにしない「肯定も否定もしない（ＮＣＮＤ）」政策を採っていることから、以下のような対処方針をメモの結論として記した（ＮＣＮＤについては第四章で詳述する）。

「本件は日米双方にとり、それぞれ政治的、軍事的に動きのつかない問題であり、さればこそ米側も我方も深追いせず、今日に至ったものである。差し当たり、日本周辺における外的情勢、或は国内における核問題の認識に大きな変動ある如き条件が生ずる迄、現在の立場を続けるの他なしと思われる」

東郷はこの結論を書く前段で、自らが関与した一九六〇年安保改定において核艦船などの「『一時的立ち寄り』について特に議論した記録も記憶もない」と明記している。私自身はこの東郷の説明は限りなく嘘に近いと見ている。なぜなら、これまで米側公文書や安保改定時の外務事務次官山田久就のテープを駆使しながら詳述してきた通り、核艦船などを事前協議の対象から外す「機密討論記録」の意図するところを日本側政権中枢が認識していたからであり、所管課長として改定交渉の前線にいた東郷が知らなかったはずはないと考えるからだ。「記録も記憶もない」はおそらく、彼自身の苦しい胸の内を反映した「外務省内向けの釈明」だったと解釈できるのではないか。

歴代首相への説明

「東郷メモ」の説明が長くなったが、前々項で取り上げた「官僚主導」の密約管理に少し話を戻したい。というのも、この「東郷メモ」の欄外には実に面白い記述が施されているからだ。たとえば以下のような記述が、いずれも手書きでなされている。

「〔昭和〕四三・二・五　佐藤総理御閲読済」
「四三・一二・一一　愛知〔揆一外務〕大臣御閲読済」
「四九・一二　宮沢〔喜一〕外務大臣に対し就任直後説明ずみ」
「五五・九・九　伊東〔正義〕外務大臣に対し口頭にて趣旨説明（高島次官、浅尾局長）」
「六十二年十一月二十四日　竹下〔登〕総理大臣へ口頭にて説明済（村田次官より）」

最後に出てくる「村田次官」とは、私に密約を激白した村田良平その人である。こうやって「東郷メモ」の欄外には、日本政府が米軍核艦船の通過・寄港を黙認してきた歴史的経緯について、時の外務事務次官や北米局長が歴代の首相、外相に説明を確かに行った経過が追記されている。私が見た限り、「東郷メモ」が書かれた佐藤内閣時代から冷戦が終結する直後の海部内閣（一九八九〜九一年）までの歴代首相、外相、そして時には官房長官に対する説明が官僚サイドから行われている。首相、外相については、おおむね説明漏れがなく、海部内閣については「東郷メモ」を補足した時の外務事務次官、栗山尚一が作成したメモに首相の海部と外相の中山太郎に説明が行われた経過が綴られている。

一方、海部内閣より後の政権については、官僚サイドがどこまで首相や外相にこうした説明をしていたかは判然としない。冷戦期に外相を務めて海部内閣退陣後に首班指名を受ける宮沢喜一は別として、海部内閣より後の首相、外相に就任した政治家に説明を行った追記が「東郷メモ」には見当たらないからだ。

冷戦終結を受けて、米政府は核搭載した艦船を日本に寄港させなくなった。おそらくこの米軍戦略の変化を反映して、「日米核同盟」の象徴的存在だった核密約の政策的な重要性が低下した。そのため以降は、事務次官はじめ外務省のエリート官僚が国会における審議状況を踏まえながら、政治家を「選別」して真相を伝えていたと考えられる。

破棄された重要文書

さらに、密約管理をめぐる「官僚主導」の極みとも呼べる切実な問題が、二〇〇九～一〇年の日米密約調査の過程で浮上した。それは〇一年四月の情報公開法施行を前に、外務省内で核密約をはじめとする日米密約の関連文書が大量破棄された問題だ。一九九八～九九年に外務省条約局長だった東郷和彦は、二〇〇九年夏の取材にこう証言している。

「僕が条約局長をやめた時はすべての書類はあった。(中略)情報公開法で外務省が書類を破棄し始めたという話が僕のところにも入ってきていた。噂として（中略）いわゆる核に関する文書を全部廃棄してしまったという噂です。（中略）僕は〔破棄を実行した〕本人から聞いたことはないから、ほんとうにどうしたかという一次資料は持っていない。だけど、情報公開法に備え書類を破棄していると省内で噂があった」

東郷は核密約の関連文書破棄について、あくまで「噂」と繰り返しながら、破棄情報が直接当事者ではない第三者からもたらされた経緯を指摘した。一方で東郷は、破棄が事実ならば、それは「歴史に対する背信行為だ」と怒りをぶちまけた。なおこの東郷の証言は、鳩山政権下で日米密約調査が始まる以前に得られたものだ。

そして日米密約調査が終了した一〇日後に当たる二〇一〇年三月一九日、東郷は衆議院外務委員会に参考人として呼ばれ、さらなる重大証言を行う。東郷は自身が条約局長だった一九九九年八月に局内にあった重要ファイルの整理を行い、核密約に関する計五八点の重要文書をメモにリストアップ、うち一六点を「最重要」とし、後任の谷内正太郎（後の外務事務次官、二〇一四年には初代国家安全保障局長に就任）に引き継いだ事実を明かす。

この一六点の中には、有識者委員会による密約調査の不十分さをおそらく補完できたであろう、きわめて重要な文書が含まれていた。その一つが、一九六〇年一月二〇日に行われた高橋通敏・外務省条約局長と在日米国大使館員マウラの会談記録である。

埋められなかった「空白」

この会談記録を閲覧した東郷によれば、マウラは「核の持ち込みとは陸上配備のみを指す」との米側解釈を高橋に説明した上で、米軍が艦船上の核の存否を「肯定も否定もしない（NCND）政策」を堅持する以上、個別艦船の核配備状況を日本側にいちいち明かすことは不可能との認識を伝えたという。

しかし、この「高橋－マウラ会談記録」は、密約調査が行われた二〇〇九年段階で外務省内に現存していなかった。しかもこの会談記録に加え、東郷が「最重要」とリストアップした他の七つの文書も省内には残っていなかったことが、密約調査を通じて明らかとなる。一九九九年夏の段階で東郷がいずれもその存在を確認し、当時、日米安保条約を所掌した条約局長の立場でその内容を吟味した上で、「最重要」とわざわざお墨付きを与えた文書であるにもかかわらずだ。そしてそのことは、東郷が文書を現認した九九年から密約調査が行われるまでの一〇年間のいずれかの時点で、何者かが、歴史の真相を後世に語らしめる重要文書を破棄したことを強く示唆した。付言すると、東郷は先に詳述した「東郷メモ」の作成者である東郷文彦の息子である。

有識者委員会の密約調査では、日米安保条約改定時の一九六〇年一月段階で日本側が、「核持ち込みとは核兵器の陸上配備のみを指し、核搭載の有無にかかわらず軍艦船の日本寄港は事前協議の対象外」とする米側の解釈をどこまで明確に認識していたのか、はっきりと結論づけることができなかった。

だが、仮に「高橋－マウラ会談記録」が外務省内に残されていたなら、「核搭載艦船の通過・寄港は核持ち込みに該当せず事前協議対象にもならない」とする米側の解釈を日本側が六〇年一月時点で共有していたことが確認され、日本の著名な歴史家や政治学者を集めた有識者委員会をもってしても解明できなかった日米外交史の「空白」が埋められた可能性が高い。なお、高橋とマウラの会談は改定安保条約の調印翌日というタイミングで行われていた。高橋が条約批准を審議する「安保国会」で政府答弁を作成する枢要な地位にいたことも強調しておきたい。

許されぬ歴史への冒瀆

東西冷戦下の緊張激化、さらには日本の「五五年体制」下での保革対立の先鋭化という一九六〇―八〇年代の時代状況を考えれば、米軍の核戦力運用というきわめて機密性の高い問題をめぐり、日本の保守政権は密約を結ぶ政治的必要性に迫られていたのかもしれない。その点については、当時の実状を勘案した客観的な歴史的評価が必要であり、必ずしも一刀両断に断罪すべきではないとの見方もあるだろう。

しかし、だ。密約に絡む公文書の破棄となれば話はまったく別で、それは即座に犯罪的行為と糾弾されてしかるべきだろう。それは、国家の歴史を紡ぐという市民社会の普遍的作業に対する背任であり、過去の政策決定を検証する資格を持つ次代と後世史家に対する冒瀆と断じてもいい。

有識者委員会の調査過程で、核密約に加え、その他の日米密約に関する大量の文書欠落も発覚した。その罪深さは、核密約の本文と言っていい「機密討論記録」の正本が最後まで見つからず、日米双方が署名する直前のコピーしか外務省内に現存しなかったという驚愕すべき顚末が代弁してくれる。

「官」の暴走、「政」の無能

東郷の国会での衝撃的な証言を受け、当時の外相、岡田克也はすぐさま文書破棄の実態解明に乗り出すが、結局、真相は究明できないままに終わった。おそらく、文書破棄という歴史への犯罪行為を働いた者が最後まで頑として口を閉ざしたからだろう。決して許されることではない。

二〇一三年末、安倍晋三政権は国権の最高機関である国会で与党自民党が圧倒的多数を占めていることを奇貨として、特定秘密保護法を委員会での強行採決の結果、成立させた。市民の疑念や懸念に答えることはおろか、十分な議会審議を尽くさないままに悪法成立の強行突破を図ったことは、日本憲政史における汚点として記録され、戦後民主主義の禍根として人心に記憶されるであろう。

日米密約の調査過程で浮かび上がった重要文書の破棄問題。官僚主導の密約管理は、市民が本来所有する情報の運用者に過ぎない「官」の暴走の象徴であり、「政」の無能さと怠惰の表れにほかならない。特定秘密保護法の成立は、日本の政策決定のこんな病理をさらに治癒困難なものとしないか。日本の統治構造に時間をかけてへばり付き、今なお増殖を続ける〝宿痾〟に対し、強い危惧と憤怒を抱くのは私だけではあるまい。

「ニュージーランドのようになりたくない」——外務省のジレンマ

民主党の鳩山由紀夫政権が進めた日米密約調査は二〇一〇年三月、外務省有識者委員会が核密約を含む三つを密約認定したことで世間的には一応の幕引きを見た。実は、この「幕引き」に至るに当たり、「日米核同盟」の盟主米国が激しく動揺した事実について、本章を閉じる前に指摘しておきたい。

盟主の動揺の背景にあったのは、自民党に比べてリベラル色の強い民主党が着手した全容解明作業が単なる歴史調査の域を越え、より現実的な問題である米軍の核戦力運用にまで影響を及ぼし米軍を束縛する結末になりはしないか、との懸念だった。そのため日本外務省は、こんな米側の懸念を解消すべく日米間の政策調整をひそかに行い、密約認定を行う一方で米軍の従来慣行を尊重、堅持する着地点を必死に模索した。

「日本はニュージーランドのようになりたくない。米軍の日本への寄港を容認し続けながら、〔核密約に対する〕日本の世論の疑問に答える道筋を見つける必要がある」

内部告発サイト「ウィキリークス」が入手した二〇一〇年二月四日付の米外交公電は、二日前に外務省で開かれた日米安全保障高級事務レベル協議（ＳＳＣ）で、当時の外務省北米局長、梅本和義がこう発言したことを明記している。有識者委員会の報告書発表が一カ月後に迫っていた当時、梅本の発言は、日本の反核世論と米政府の間で板挟みとなる日本外務省のジレンマを表象していた。

ニュージーランドは一九八〇年代半ば、徹底した非核政策を採用し、核兵器搭載可能な米軍艦船の入港を拒否した。そのため、米国のロナルド・レーガン政権は報復措置としてニュージーランドに対する安全保障義務を停止し、米国とニュージーランドの同盟関係が長らく機能不全に陥った経緯がある。

日米密約調査の結果、冷戦中の米軍艦船による核持ち込みの実態が明らかになれば、日本の反核感情がより強まり、将来の核持ち込みを絶対に認めないとする世論が形成されるかもしれない。そうなれば、個々の艦船や航空機への核搭載の有無を明かさない米軍のＮＣＤ政策に支障が及び、日米同盟に亀裂が入りかねない――。こんな危機意識が、「ニュージーランドの二の舞いは避けたい」との梅本の発言に凝縮されていた。

民主党政権に対する米の猜疑心

冷戦終結後、米軍核搭載艦船の日本寄港は行われなくなったが、米軍は引き続きNCND政策を堅持している。そのため仮に将来、朝鮮半島や台湾で有事が発生すれば、航空機用の核爆弾が日本本土に持ち込まれる可能性も決してゼロでなく、米政府も密約調査の余波を警戒せざるを得なかった。当時、対日政策を担当した元ホワイトハウス高官は実際、二〇一二年春のインタビューでこう語っている。

「〔密約調査で〕NCND政策が問題化しないか、不安だった。同政策が公開の場で議論されたら、〔核を持たず、作らず、持ち込ませずの〕日本の非核三原則との整合性が問われることになる」

実のところ、オバマ政権は、外務省による密約調査が二〇〇九年秋に始まった当初、鳩山政権の真意を疑っていた。ある外務省当局者によると、米政府内の対日政策担当者らは「この人たちは日米同盟を一体どの方向に持って行くつもりなのか……」と、鳩山政権の動きを憂慮していたという。先の元ホワイトハウス高官も「日米同盟は当時、多くの難題を抱えていた。沖縄の米軍基地問題、インド洋における給油活動からの自衛隊撤退、〔米国排除に映った〕東アジア共同体構想……。そして密約調査で新たな難題が加わったという感じだった」と証言している。

普天間飛行場移設問題の迷走に象徴される鳩山政権の不安定な対米政策に、オバマ政権は不信と不満を募らせていた。そんな中で密約問題が突如、重要課題として浮上した。首相の鳩山が当時繰り返した「同盟深化」のかけ声とは裏腹に、「日米核同盟」の盟主が抱く日本への猜疑心は深まる一方だった。

シナリオ通りの幕引き

二〇一〇年三月九日、外相の岡田が設置した外務省有識者委員会は核密約を「広義の密約」と認定した。そして同日の記者会見で、私は岡田に米軍のＮＣＮＤ政策が『核なき世界』の障害にならないか」と尋ねたら、こんな答えが返ってきた。

「私は必ずしも障害になると思っている訳ではない。この問題を考える時に〔大事なのは〕『核なき世界』を目指すという将来にわたっての理想と、現実に核が果たしている抑止力というもののバランスをどうとっていくかという問題だと思う。核の抑止力ということを私は肯定しているので、その補強のためのNCND政策についても、これは米国の判断だが、米国がそういった政策をとるということについて、理解をしているところだ」

また岡田はこの会見で「本件調査開始当初から明らかにしてきたように、わが国の行う本件調査によって日米安保体制の運用に影響を及ぼす考えはない」と言明した。さらにこれから一〇日後の三月一九日の会見では、核の持ち込みが将来、必要となった場合の対応についてこう明快に言い切った。

「われわれは非核三原則を堅持するが、将来、緊急事態の場合において、実際に三原則をしっかり守るという選択と、場合によってはそれに例外を作ってでも国民を守るという場面が来た時に〔どうするかは〕時の政権が政権の命運をかけて判断することであり、そして大事なことはきちんと〔そのことを国民に〕説明することだ」

この発言は将来の有事における核持ち込みを認める可能性を多分に示唆するもので、非核三原則を盾に「核持ち込みは認めない」との建前を貫いてきた自民党政権時代の従来見解よりも、一歩も二歩も踏み込んだものだった。

岡田はかねて核軍縮に熱心な政治家で、核密約解明への熱意がその延長線上にあると信じていた私はいささか、一連の発言に驚いた。一方、密約調査の顚末をことさら心配していたオバマ政権は、これら岡田の発言を歓迎した。ＮＣＮＤ政策はじめ米軍の核運用に関わる根幹部分を尊重する基本姿勢が、岡田本人の口からはっきりと発せられたからだ。

この岡田の踏み込んだ発言をめぐる背景を知りたいと、その後取材を進めたら、実は日米の外交当局間で周到なシナリオが描かれていたことがわかった。外務省高官が二〇一三年になって取材にこう明かしている。

「岡田さんは、将来の持ち込みについては『時の政権の判断』だと言った。これについては米側と事前に応答要領を打ち合わせていた。つまり米政府はこの岡田発言を了承していたということだ」

ＮＣＮＤ政策を死守し、密約調査を将来の核戦力運用に波及させたくなかった米側にとって、岡田の発言は日米密約問題の着地点として満足できる内容だった。半世紀にわたり自民党政権が否定し続けてきた核密約は白日の下にさらされ、岡田の目指した「開かれた外交」はある程度実現した。その半面、岡田が主導した密約調査は、核搭載した米軍航空機の飛来など将来の核持ち込みの選択肢を温存する結果となった。バラク・オバマの描く「核なき世界」を支持する核軍縮推進派の岡田にとって、この結末は必然だったのか、それとも「歴史の闇」をめぐる真相究明を優先させた政策決定の死角だったのか。

核密約は生きている

「文書を正式に破棄したわけではない」

対日政策に携わる国務省当局者は二〇一三年春の取材で、一九六〇年の日米安保改定時に日米双方が署名した「機密討論記録」は法的に今も有効との見方を示した。既に本章で詳述してきた「機密討論記録」は、安保改定前に行われていた、米軍運用に関する「現行の手続き」が、日本側に発言権を認めた事前協議の対象とはならない点を明記した重要文書だ。私自身、この文書こそ核密約の内容を裏書きした密約文書とみており、現にこの国務省当局者はじめ多くの米政府関係者は、私と同じ認識を共有している。

二〇〇九～一〇年の日米密約調査時に国防総省高官だった米政府関係者も一三年春、「〔『機密討論記録』を仮に〕破棄するようなことになれば、これまでの了解に代わる了解を可能たらしめる必要がある」と取材に語っている。

それまで極秘扱いだった「機密討論記録」は、二〇一〇年三月の日米密約調査の結果公表時にその存在が初めて正式に確認された。意図的な文書破棄の影響か、それともずさんな管理の結果なのか、外務省内で原本そのものは見つからなかったが、署名される前の写しが公開された。そしてこの公開作業を進めるに当たり、日本外務省が米政府と綿密なすり合わせを行っていたことは、容易に想像できる。

冷戦終結に伴う米核政策の変更で核搭載艦船が日本を訪れることは、もはやなくなった。しかし、核兵器を装備した米軍用機が将来起こり得る朝鮮半島有事に際し、日本に飛来しないとの保証はない。そうした緊急事態に問題となるのが、今も米側が核密約の証文とみなす「機密討論記録」であり、米軍部がこれを盾に日本へ核兵器を持ち込む必要性を強硬に主張する展開も、一〇〇％排除できるものではないだろう。

密約調査の過程で対米折衝を担当した外務省高官は取材に対し、こうも言明している。

「密約調査について米側は『日本による一方的な調査』だとみている。つまり調査の結論も含めて、米側は調査をエンドース(筆者註：裏書きの意味)していない。『解釈の不一致』というのも日本側の結論にすぎないとみている」

外務省の密約調査の結論は、「機密討論記録」の解釈をめぐって日米双方に相違があり、そのため「機密討論記録」は密約文書とまで言えない、というものだった。しかし右記の証言は、米政府がこの結論に納得しておらず、今も「機密討論記録」を密約文書とみなしている真実を冷厳に暴露している。そのことはまた、米政府が今なお「機密討論記録」の法的有効性を重視していることの裏返しとも言えよう。

なお、外相として日米密約調査を主導した岡田克也も二〇一三年三月、「機密討論記録」について「基本的に有効」との認識をインタビューで表明した。

核密約は紛れもなく、生きているのだ。

第4章

呪縛の根底
「同盟管理政策」としての核密約

佐世保に向かって航行する米原子力空母エンタープライズ．後方は原子力フリゲート艦トラクストン（1968年1月18日，高知県・室戸岬の南330 km付近で共同通信社特別機から，共同）

反核世論と「傘」の〝均衡点〟

「歴代の事務次官は必ず引き継ぎの時に、核に関しては日米間でこういう了解がある、ということを前任者から聞いて、それをメモにしておいて次の次官に『これはこうだよ』と引き継ぐという格好を……」

前章でも紹介したが、私が二〇〇九年三月一八日に聞いたこの村田良平の爆弾証言が引き金となった民主党政権下の日米密約調査。当時の外相、岡田克也が設置した外務省有識者委員会が一〇年三月に「核密約」を一応、密約と認定したことで、戦後日米史の最大の「闇」に一定の歴史的な裁断が下された。そのエッセンスは以下の通りだった。

日米安保改定直前の一九六〇年一月六日に藤山愛一郎外相とダグラス・マッカーサー2世駐日米大使が署名した「機密討論記録」を基に、米軍核搭載艦船の日本寄港を日米安保条約上の「事前協議」の対象外とみなした米側に対し、日本側はそうした米側解釈を明確に確認しないまま事態を放置(有識者委は報告書で「明確化の回避」と表現)。六三年にライシャワー駐日大使から大平正芳外相が米側の意図を初めて明瞭に伝えられた後も、「核艦船の寄港も事前協議の対象」とする日本側は事態を改善しようとせず、日米間のこうした解釈のズレを故意に残すことで、「暗黙の合意」が六〇年代末までに段階的に形成されていった――（外務省有識者委員会「いわゆる『密約』問題に関する有識者委員会報告書」）。

有識者委の下したこの結論に多くの問題があることは前章で詳述したので繰り返さないが、一〇〇頁を超えるその報告書を最初に精読した際、最も気になったのは次のくだりだった。

「冷戦下における核抑止戦略の実態と日本国民の反核感情との間を調整することが容易ではなかった……」（外務省有識者委員会「いわゆる『密約』問題に関する有識者委員会報告書」四六頁）

この一節について敷衍すると、おそらくこうなるだろう。

人類史上未曽有の出来事である広島、長崎への原爆投下と、太平洋ビキニ環礁での第五福竜丸の被ばく事件を通じて地下マグマのように堆積し続けた国民的な反核エネルギーを封じ込めながら、ソ連や中国、北朝鮮の軍事的脅威を抑止するために米国の「核の傘」を受け入れていく政治的・外交的作業は日本政府にとって至難の業で、反核世論と核抑止という、本来相容れぬ両者の〝均衡点〟を見出す手段が核密約だった——。

本章では以下、この〝均衡点〟を模索する作業を阿吽の呼吸で進めた日米双方の論理を公文書や重要証言などによってあぶり出していきたい。そして核密約が、日本の反核エネルギーを制御しながら、「核の傘」構築を狙う米側の軍事的ニーズを満たす「同盟管理政策」であったことを論証し、対米呪縛の根底を掘り起こす作業を通じて「日米核同盟」の本質へとさらに迫りたい。

非核三原則は「バカな話」——日本側の論理を考える

「どんなアレルギーが〔日本国民の間に〕あろうがなかろうが、〔非核〕三原則なんていうバカな話はね、〔日米安保改定時には〕そんなこと考えていないからね。〔日本への核持ち込みの事前協議をしたら〕完全にイエスもあれば、ノーもあるということでね、その時の状況によってはね。それが両国間の了解ですよ」

一九六〇年の日米安保改定時に外務事務次官だった山田久就は八一年、国際政治学者の原彬久とのインタビューでこう回想している。原は自らが収録した音声テープを今も保管している。私が二〇一〇年、この興味深い証言に直接触れる機会を得たことは第三章で触れた。

右の証言の何が興味深いのか、それは他でもない。安保改定を主導した外務省の官僚機構トップだった山田が、実際に核兵器の持ち込み要請が米側からあれば、「イエス」もあり得ると明言した上で、何のためらいもなく、「核を持たず、作らず、持ち込ませず」の非核三原則を「バカな話」と酷評していることだ。

改定安保条約を審議した一九六〇年の通常国会で岸信介政権は、改定条約で新設された日米間の事前協議制度そのものについて、「イエスと言う場合もノーと言う場合もございます」(同年四月二七日の藤山愛一郎外相)とする一方、「核武装の問題については岸内閣としてノーと言う」(同)、「核兵器の持ち込みを認めないということは、日本の責任ある政府が、国会を通じて内外に明らかにしておることでございます」(同年四月一九日の岸首相)と答弁している。

非核三原則は、沖縄の「核抜き本土並み」返還を実現した佐藤栄作政権の下で明示的に国是として定着することになるが、右に示した一九六〇年国会の政府答弁を精査すれば、日本への核持ち込みを認めるよう米側から事前協議を提起された場合、「ノー」と言って明確に拒否する基本方針が、岸政権時代に確立されていたことが確認できる。なお、この場合に日本側が言う「持ち込み」とは、核兵器の日本国土への陸上配備だけではなく、核艦船の日本領海の通過・寄港も指す。領海を含めた日本の国土へのあらゆる核持ち込みに対し、はっきりと「ノー」を突きつけるというのが、少なくとも対外説明上の大原則だったわけだ。

しかし、先の山田証言はこの大原則に真っ向から背理する。山田の肉声から明瞭に聴き取れるのは、有事の際に米側から核持ち込みを打診されれば、「その時の状況」次第では「イエスも当然ある」という断固たる対処方針である。米国の「核の傘」に頼る以上、安全保障上の危機に直面した際は、核兵器を日本の国土に持ち込ませる、陸上への核配備を容認するというのが日本政府の本音であり、核抑止論上の論理的帰結であるという「非核政策」の内実が露骨に透けて見える。

この点は冷戦後の外務事務次官経験者も認めるところだ。ある次官経験者は二〇〇九年、私のインタビューにこう語っている。

「〔陸上への核持ち込み要請については〕九九％『ノー』かもしれないが、一％は『イエス』

と言う場合がある。日本の安全保障が究極的に左右される状況に置かれた時が、その一％かもしれない」

この証言からは、日本の安全が脅かされるような死活的な事態において、米軍による核兵器の持ち込みは当然という、日本側政策決定者の「核の傘」への根強い信奉心がくっきりと浮かび上がる。

山田はまた、原のインタビューに「〔通過・寄港の扱いは日米間で〕問題にもならなかった。少なくとも〔改定安保条約を〕作ったときには、日米間の条約の対象じゃない」とも明言していた。この言葉からは、同盟の盟主米国の庇護を受ける以上、米軍核搭載艦船の通過・寄港は端から何の問題もない、とした被庇護者・日本の厳然たる認識が看取できる。そしてその底流には、「核の傘」が国防政策の大前提であるわけだから、米軍が必要とする核艦船の一時立ち寄りなどは黙してあたりまえ――とした、日本側の核抑止信仰に起因する「日米核同盟」の呪縛構造が窺える。

佐藤栄作の「反省」

外務省は二〇一〇年三月、有識者委員会による密約調査報告書の公表に合わせ、三三一点の関連公文書を開示した。それらを紐解いていくと、「核の傘」を絶対視しながら、核密約を受諾していった日本側の慄然たる冷戦型思考が見事なまでに浮き彫りになる。

歴代首相の中でも、米国の「核のパワー」への心服を最もあからさまに表現したのは、一九六〇年代中葉から七〇年代初頭にかけて政権を担った佐藤栄作だろう。その佐藤が「核を持たず、作らず、持ち込ませず」の非核三原則を提唱したことなどで、日本人初のノーベル平和賞の栄誉に輝いたのはあまりに皮肉な歴史のめぐり合わせだ。

外務省が開示した「総理に対する報告(オキナワ関係)米局長」(一九六九年一〇月七日付)によると、「核抜き本土並みの」沖縄返還の合意づくりへ向けた日米交渉が大詰めを迎えようとしていた六九年一〇月七日、佐藤は牛場信彦外務事務次官や東郷文彦アメリカ局長を前に、「非核三原則の『持ち込ませず』は、誤りであったと反省している」と言い切っている。米軍核搭載艦船の横須賀、佐世保への寄港が常態化していた当時の現実を踏まえ、米軍による日本近海への核兵器の持ち込みが中国やソ連を牽制する核抑止力を下支えしている、との認識を佐藤が抱いていたことの証だろう。

さらに佐藤は、リチャード・ニクソン大統領との首脳会談の直前に当たる一九六九年一一月一一日、アーミン・マイヤー駐日米大使に対し、「核の持ち込み」とは「『貯蔵』と同義語」との見解を示した上で、「余計な〔非核〕三原則を作った」とまで言及している（外務省開示文書「佐藤総理、マイヤー米大使会談」六九年一一月一一日）。

沖縄核密約

この大胆発言に踏み切った政治家佐藤の胸の内に、この時いったい何が去来したのか。当時、「七二年の沖縄返還」を目指したまさに丁々発止の日米交渉は、最後の大ヤマを迎えていた。日米間の最大の争点は何と言っても、沖縄に当時現存していた米軍の核兵器だった。機密指定を解除された国防総省文書によると、ベトナム戦争のピーク時である六七年には約一三〇〇発もの核兵器が沖縄に配備されていた（Office of the Assistant Secretary of Defense (Atomic Energy), "History of the Custody and Deployment of Nuclear Weapons (U) July 1945 through September 1977"）。

一九六九年の時点で沖縄にあった核兵器は陸揚げされているものが中心で、すなわち佐藤の言うところの「貯蔵」だった。佐藤が沖縄への核配備実態をどこまで詳細に把握していたかは知るよしもないが、少なくとも自身の一大悲願である沖縄の日本本土復帰を成就するに当たり、沖縄に既に持ち込み済みだった核兵器を撤去しない限り、国民に約束した「核抜き返還」が実現し得ないことは重々承知していたはずだ。最終的にニクソンとの頂上会談に臨んだ佐藤は、ホワイトハウスの大統領執務室の脇にある小部屋でニクソンと二人で「沖縄核密約」に署名、これによって沖縄の施政権が日本に返る七二年に核兵器はいったん撤去されるが、将来アジアで有事が発生した場合は、米側の要請に応じて沖縄への核配備を日本側が容認する秘密合意が成立した。

「核の持ち込み」とは「貯蔵」であるとの見解を表明し、非核三原則を「余計な」ものと発言した佐藤の胸の内。自身の密使である若泉敬がニクソンの腹心、ヘンリー・キッシンジャー大統領補佐官と沖縄核密約をめぐる膝詰めの秘密交渉を開始するのは、佐藤がマイヤーに対し、この大胆発言を行う時期とほぼ同じだ。

この時点で、両国の外交当局が一切関与しない秘密交渉が合意に達し、密約が成立することで核抜き返還がほんとうに実現するかどうか、佐藤自身がいちばん不安に思っていたにちがいない。そんな落ち着かない心境の下、自らが国会で公言し、後にノーベル平和賞をもらうまでになる非核三原則を「余計な」ものとまで言い放ってしまった佐藤。マイヤーと向き合った時には既に、非核三原則を反故にする「核持ち込み」を将来容認する腹を固めていたのかもしれない。

「傘」は絶対——根深い核抑止信仰

核問題をめぐる佐藤の放言はほかにも、日米両国の公文書を読み進めていくと事欠かない。

一九六四年一〇月の中国による初の核実験成功に刺激され、歴代首相の中でも独特の対中脅威観を抱いていた佐藤の政権下で独自核武装の研究が行われたことは、よく知られたところだ。米解禁公文書によると、そんな佐藤は六九年一月、離任間際のアレキシス・ジョンソン駐日米大使の面前で「非核三原則はナンセンス」と発言し、周囲を驚かせている。

私自身「そこまで言うか」と思わざるを得ない、時に激烈ながらも本音が全面に出ている一連の佐藤発言。そこからは、タカ派色の強い佐藤の超保守的な安全保障観があらためて確認できる。それと同時に、「日米核同盟」の盟主米国が提供する「核の傘」をいわば金科玉条の如くみなすという、日本の保守政治家に通底する核抑止信仰の根深さを痛感しないわけにはいかない。

佐藤の発言に限らず、世界唯一の戦争被爆国が表向き唱える「非核政策」が形骸化していた実態は、他の外務省開示文書にも克明に刻まれている。

「核積載能力がある艦艇は日本なりその他の国なり、外国の港に入る時、核をおろさない」

としたジーン・ラロック退役米海軍少将の米議会証言を受け、日本国内が騒然となった一九七四年秋。当時の松永信雄・外務省条約局長はひそかに事前協議制度をめぐる問題点の整理を進めた。そして米軍核搭載艦船の領海通過・寄港は「もはややむを得ない」として事実上これを公認する「非核二・五原則化」の一案を検討するが、その過程で松永が作成したメモに以下の記述が登場する。

「核の発達した現段階において米国政府の立場を理解することが、核抑止力依存に不可欠であることをどの程度(国民に)説得しうるかが問題である」(外務省開示文書「事前協議問題に関する件」一九七四年一〇月二一日付)。

この「松永メモ」にある「米国政府の立場」には、第三章でも触れた艦船上の核兵器の存否については肯定も否定もしない米軍部の基本指針「NCND政策」が含まれている。この指針は、米海軍が一九五四年改正の米原子力法に基づき、核兵器の「設計、製造と利用」に関する情報を非公開扱いとし、この「利用」に核兵器の所在が含まれるとの立場を取ったことに端を発する。これを踏まえ、五八年には米軍部としてNCND政策が採用され、それが冷戦後の今日まで脈々と続いている。

なお、このNCND政策が立案された背景については、「軍事的理由(米国のあらゆる艦船や部隊が核武装しているとの前提を潜在敵国に強いることで潜在敵国の戦略策定を複雑化する)」と「政治的理由(核を同盟国内に持ち込んだ際に生じる同盟国世論の懸念と抗議を回避する)」が指摘されている(ヤン・プラヴィッツ「『核兵器の存在を肯定も否定もしない政策』をめぐって」山脇啓造訳『軍縮問題資料』一九八九年一二月)。

「松永メモ」に話を戻すと、一九六〇年代以降、「核の発達」、つまり短距離型で局地戦に使用される戦術核が空母だけでなく、攻撃型潜水艦や駆逐艦、巡洋艦など多数の艦船に搭載される事態が進んだ。そのため、日本に立ち寄る艦船も必然的に核装備しているものが増えた。そして、NCND政策を採る米軍部が艦船上の核の存否を決して明らかにしない以上、「核の傘」に依存する日本としては、そうした「米国政府の立場を理解する」しかなく、むしろそうすることが、日本防衛に不可欠な「核の傘」をより堅固なものとしてくれる――。核抑止の効用を半ば絶対視するあまり、核搭載艦船の運用実態までをも聖域化してしまう、こんな論理が松永のメモの行間にのぞく。

「非核」の虚構深く

「松永メモ」をはじめ、外務省の日米密約調査で開示された多数の文書からは、非核三原則という被爆国の高邁な「理念」と、核抑止論とNCND政策に依拠した核艦船の通過・寄港黙認という「現実」の狭間で、国民に虚偽の説明を続けざるを得ない歴代政策決定者の苦悩が読み取れる。私が見る限り、その軌跡は決して能動的に国民に嘘をつこうという悪意に満ちたものではなかったと言っていい。

しかし、だ。戦後日本の安保政策が米国の「核の傘」を絶対的なものと位置づける前提に立ち続けたが故に、被爆国が国内外で唱道している非核の精神とその実態の間に、切実な矛盾を来したことは否定できないだろう。さらに言うなら、「米国から事前協議の申し出がない以上、核兵器の持ち込みはない」「核持ち込みに関する密約も存在しない」という、おうむ返しのように繰り返されてきた歴代保守政権の対外説明は、「非核」の虚構の上に虚構の上塗りを重ねる行為以外の何物でもなかった。そのこと自体が民主主義の本義に反することは言うまでもなく、市民の政治・外交不信を増幅させた帰結は、現下の為政者や官僚組織によってきわめて切実に受け止められなければならない。

また歴代保守政権は、広島、長崎、ビキニという三度の被爆／被ばく体験に根差した国民の反核エネルギーの強さ故に、それが発火し爆発する事態、つまり一九六〇年の安保闘争に見られた民意の憤怒と反発、そして離反が輻輳して、回復しがたい政治的ダメージが政権にもたらされる展開を恐れた。そのことが日本の官僚機構を極度に慎重にさせ、事なかれ主義を地でいく、鉄面皮のような密約と核持ち込みの完全否定体質につながったと言える。戦後日本社会が数奇なまでに直面した核にまつわるいくつもの事件や事故が、「日米核同盟」の盟主米国の核について一切真相を国民に語ろうとしない、また自ら語りたくない日本の政官の無責任な呪縛構造をも形成していったのではないか。

もう一方の当事者である米国も、日本側が内政上の必要性から創り上げた虚構が破壊されることで導かれる「最悪のシナリオ」、つまり日本の親米保守政権の崩壊と反米革新政権の誕生を心底恐れた。だからこそ、「非核」の虚構の上に反核世論を封じ込めようとする日本の為政者に同調し、国権の最高機関である国会で「核搭載艦船の寄港も事前協議の対象となる」「艦船上のものも含め、米国による核持ち込みは断じてない」との巨大な嘘をつき続けた日本の政官が演じる「非核」の虚構を看過したのであろう。

こうやってみてくると、日本にとっての核密約とは、「核の傘」の枢要な一角を構成する米軍核搭載艦船の通過・寄港を確実に担保しながら、米軍側の軍事的ニーズを満たすとともに日米核同盟体制の円滑な運用を図り、国民の間に広がる反核感情を統制しようという、「同盟管理政策」だったのではないだろうか。被爆国政府の言う「非核」の虚構は深く、それは「日米核同盟」の岩盤を形成する歴史上の役割を果たしたのかもしれない。

「核兵器を他の弾薬並みに」——米側の論理を考える

次に、今日に至るまで「核の傘」を日本に提供してきた庇護者であり、「日米核同盟」の盟主米国にとっての核密約の意味合いを考えてみたい。

日米密約を調査した外務省有識者委員会の報告書が、核密約の成立した背景として「冷戦下における核抑止戦略の実態」を指摘したことは本章の冒頭に触れた。それでは、そもそもここで言う「核抑止戦略」とはいったい何なのか。この問いに答えながら、世界の中でもひときわ反核感情の強い日本との間で、核密約を必要とした米側の論理を考えていこう。

核密約の大本をなす「機密討論記録」が、藤山愛一郎外相とマッカーサー駐日米大使によって署名された一九六〇年一月の段階で米国は、共和党のアイゼンハワー政権の下、「大量報復戦略」を採用していた。

アイゼンハワー政権は、ソ連が水爆保有を宣言した二カ月後に当たる一九五三年一〇月、政策文書「ＮＳＣ１６２／２」をまとめ、「ニュールック」と呼ばれる新たな安全保障戦略を打ち出した。その神髄は、「核兵器による大量報復」という、壮絶な破壊力を持つ核戦力による威嚇を前面かつ露骨に押し出しながら、通常戦力の圧倒的優位を誇ったソ連の西側侵攻を抑止する封じ込め戦略にあった。

なお「抑止」とは、相手が自分にとって好ましくない行動を取らないよう仕向けることだ。より安全保障上の文脈に即して言うなら、敵が危害や攻撃を自分に仕掛けてきた場合、報復や懲罰、あるいは危害を無化する防護的措置を取るとの意思を明示的ないしは黙示的に伝達することによって、敵にそうした行為を取ることを思いとどまらせることをいう。さらに、核戦力による報復行為をちらつかせながら、「報復されれば耐え難いダメージを被る」と思わせることで相手の攻撃を未然に防ぐことを「核抑止」と呼ぶ。

そんな核抑止効果の最大化を狙ったアイゼンハワー政権が策定した「ＮＳＣ１６２／２」はこう明記している。

「交戦時において米国は、核兵器を他の弾薬並みに利用可能なものとみなすだろう。これらの兵器を同盟国領土内にある米軍基地から使うに当たり、その同盟国の同意が必要な場合は、使用に対する事前同意を同盟国から迅速に取り付けなければならない」(NSC162/2, October 30, 1953, *Foreign Relations of the United States: 1952–54, Vol. II, National Security Affairs*, U. S. Government Printing Office, 1984, p. 593.)

この記述は、人類史上最悪の残虐性と非人道性を兼ね備えた核兵器を「他の弾薬」と同等とみなし、その使用を決してためらわない意思を鮮明にすることで「核の脅し」にリアリティをもたせ、敵国を抑止する力の源泉にしようという怜徹な核抑止戦略の本質を暴露している。

日本への核実戦配備を構想した米

また、「NSC162/2」が「同盟国領土内にある米軍基地」からの核兵器使用に言及しているのは、当時はまだ、モスクワの権力中枢やソ連領内の核基地を狙う長距離型の大陸間弾道ミサイル(ICBM)や、潜水艦発射弾道ミサイル(SLBM)が登場していなかったという事情がある。きわめて長い射程を持つ戦略核を持っていなかったからこそ、米軍部は米ソ間の核戦争勃発に備え、共産圏に近接する欧州やアジアの同盟諸国内に射程の短い戦術核を配備、「同盟国領土内にある米軍基地」からの核使用を現実的な選択肢として想定していたのである。

アイゼンハワー政権は実際、欧州正面の最重要拠点である西ドイツへの核配備を手始めに、一九五五年以降、イタリアやトルコ、オランダ、ギリシャの領土内に核兵器を搬入した。そして、アイゼンハワーがホワイトハウスを去る前年の六〇年までに、北大西洋条約機構（NATO）諸国内に配備された核兵器は総計約三〇〇〇発にも上った。

またアジア太平洋地域でも、一九五四年末から五五年にかけ沖縄に核兵器が運び込まれたのを嚆矢に、フィリピン、韓国、台湾へも核が配備され、グアムも含めた西太平洋地域における核兵器総数はアイゼンハワー政権末期に約一六〇〇発にまで達した。そして、その半数近くが沖縄の嘉手納基地に貯蔵されたことが、冷戦後に解禁された米公文書から判明している。（"History of the Custody and Deployment of Nuclear Weapons (U) July 1945 through September 1977"）。

米軍部は当初、沖縄に加え、朝鮮半島と一衣帯水の関係にある日本本土にも核兵器を陸上配備する野心的な構想を描いていた。つまり、欧州冷戦の最前線である西ドイツ並みに、日本にも核兵器の実戦配備を行い、中国とソ連、北朝鮮に対して睨みを利かせようとしたのである。

一九五五年一月、時の米国防長官チャールズ・ウィルソンは国務長官のジョン・フォスター・ダレスに書簡を送り、次のような見解を伝えている。

「米国が軍事基地を保有するいかなる国においても、NATOタイプの核兵器使用計画が望まれる」(Memorandum for the Secretary from Gerard C. Smith, "Deployment of Atomic Weapons to Japan," June 1, 1955, Top Secret, Country and Subject Files Relating to Atomic Energy., RG59, National Archives)

「米国が軍事基地を保有するいかなる国」とあるので当然、日本も含まれると考えていいだろう。日本が第二次世界大戦末期、二度にわたる米国による核攻撃の惨劇を被ったという特殊事情は、ここでは考慮されていない。NATO諸国並みに日本との間でも米軍による核兵器貯蔵や核使用に関する取り決めを結びたい、とする米軍部の真意がウィルソンの書簡の行間に潜む。

「次善の策」としての核艦船寄港

だが、被爆国日本への核配備を目論むそんな米軍部の野望も、一九五四年三月一日をもってついえる。この日太平洋ビキニ環礁であった米水爆ブラボー実験で静岡県焼津のマグロ漁船、第五福竜丸が被ばくしたことを受け、日本国内の反核エネルギーがマグマのように噴き出したからだ。

大きなうねりを見せる日本の反核世論を目の当たりにして、当時の駐日米大使ジョン・アリソンは、米軍部の求める日本への核兵器配備がもたらす日米関係への深刻な影響を懸念した。アリソンがとりわけ恐れたのは、核問題に特段機微な反応を見せる被爆国の世論が引き起こす日本の政治危機、つまり国会での保革逆転による反米革新政権の誕生だった。アリソンは最終的に、軍部の核配備要求に明確な「ＮＯ」を突きつける。

こんな展開を受け、米軍部は日本への核配備構想を断念せざるを得なくなった。そのため代替策として採用した「次善の策」が、沖縄や韓国など日本本土以外への核兵器貯蔵であり、核搭載艦船を日本の港湾へ常態的に寄港させる「核戦力投射」だった。

さらに、こうした複雑な経緯があったからこそ、米軍部は一九六〇年の日米安保改定時、核持ち込みをめぐる事前協議制度の新設に激しい嫌悪感を示した。反核世論のプレッシャーに曝される被爆国政府が、有事における核の陸上配備を認めないことはもちろん、次善の策である平時の核搭載艦船の入港にも「待った」をかける展開を危惧したからだ。日本への自由な核艦船寄港という既得権の喪失を恐れる米軍部の心理状態も、米国が日本と核密約を結ぶ導因をなしていたのである。

空母オリスカニの寄港——「傘」の源流

そもそも米軍はいつごろから、艦船を使って日本の領海や港湾に核兵器を持ち込んでいたのだろうか。

機密指定を解かれた米公文書や米軍関係者のオーラル・ヒストリーを確認する限り、日本への最初の核持ち込みがあったのは、朝鮮戦争の休戦協定締結から間もない一九五三年一〇月だ。同月一五日午前、核搭載した米空母「オリスカニ」が米国から初めて横須賀に寄港している。

オリスカニが実際に核兵器を積んでいたことは、同艦の航海日誌を見れば明らかだ。オリスカニは日本寄港の約四〇日前、米西海岸で「特殊兵器(Special Weapons)」に絡む作業に従事している。「特殊兵器」とは米軍内で核兵器のことを意味する。また、オリスカニは米太平洋艦隊所属艦船の中でも、最も早い時期に核戦争用の装備が施された空母だった(Log Book of the U. S. S. Oriskany, from September 1 to September 30, 1953, from October 1 to October 31, National Archives; James D. Ramage, "Taking A-bombs to sea," *Naval History*, Jan/Feb 1995; Jerry Miller, *Nuclear Weapons Aircraft Carriers: How the Bombs Saved Naval Aviation*, Smithsonian Institution Press, 2001, p. 124; 新原『「核兵器使用計画」を読み解く』一六八—一七一頁を参照)。

この時のオリスカニに与えられた任務は、休戦協定締結から間もない朝鮮戦争の「後始末」だった。当時艦長として作戦航行を指揮したチャールズ・グリフィン（退役時は海軍大将）は退役後、米海軍研究所のオーラル・ヒストリーにこんな証言を残している。

「オリスカニは強力な空母航空群の同乗の下、休戦後の緊張状態の中で再燃する〔共産勢力の〕敵対行為をけん制する、ぞっとするような抑止力として貢献した」（*The Reminiscences of Admiral Charles Donald Griffin, U. S. Navy＝Retired*, Volume I, U. S. Naval Institute, 1973）

グリフィンが言う「ぞっとするような抑止力」の中核をなしたのは、オリスカニ配属の「第一九空母航空群」に他ならない。同航空群の主戦力は核攻撃専用の爆撃機「AJ1サベッジ」。同航空群司令官として爆撃機隊を率いたジェームズ・ラメージ（退役時は海軍少将）は、グリフィン同様、米海軍研究所のオーラル・ヒストリーでこう明言している。

「私が思うに、空母は単にプレゼンスを示すためだけに日本海に待機した。まだ〔朝鮮戦争をめぐる米中間の〕交渉ごとが続いていたようで、〔アイゼンハワー〕大統領はすぐさま戦争から引き下がるつもりはなかった。(中略)おそらく一〇月だったと思う。もう捕虜も交換されたのに、どうしてこの時期だったのか、よく分からないが(中略)私は出撃準備態勢を取るよう命じられた。我々は知識面での核に関するあらゆる適性を備えており、確か一〇発か一二発の核を組み立てて用意した。暗闇の中で笛を鳴らしながらの作業だったが、とにかくわれわれは出撃の準備を整えた。乗組員も選び、準備万端整っていた」(*The Reminiscences of Rear Admiral James D. Ramage, U. S. Navy＝Retired*, U. S. Naval Institute, 1999)

この証言から浮かび上がるのは、オリスカニ配属の第一九空母航空群が一九五三年一〇月の一時期、核攻撃準備態勢に入っていたという衝撃的な史実だ。グリフィンの言うように抑止目的で日本海に展開したオリスカニは、核攻撃能力を厳然と誇示することで共産勢力の敵対行為を抑止し、韓国と日本の防衛を企図した「核の傘」として機能する役割を担っていたのだ。このオリスカニの日本寄港にこそ、現在までも続く米国の「核の傘」の源流を見て取ることができる。

常態化した核艦船の日本寄港

一九五三年秋のオリスカニの日本寄港を手始めに、アジア太平洋での抑止力堅持を主たる任務とする米海軍の空母機動部隊は、定期的に日本に立ち寄る作戦航行を展開した。五三年にオリスカニの艦長として日本への最初の核持ち込みを実現したグリフィンは一〇年後、海軍制服組ナンバー2の海軍作戦副部長にまで昇進し、六三年三月にはケネディ大統領の面前で、核搭載空母の日本への寄港実態についてこう説明している。

「一九五〇年代初期から、日本に寄港してきた空母には通常、核兵器が搭載されてきました。太平洋に展開する空母機動部隊を構成する駆逐艦や巡洋艦も同様に〔核〕装備していました」(Memorandum for the Record, "Presidential Conference on the Transit of U. S. Nuclear Armed War Ship through Japan Ports," March 26, 1963)

グリフィン自身がかつて艦長を務めた空母オリスカニの一九五三年の日本寄港以来、艦船を通じた日本の港湾・領海内への核配備が常態化していった実態が窺える。定期的に日本を訪れる空母機動部隊が日本周辺への核戦力投射の役目を担い、現在の日米安保条約が成立する以前から、核を日本の港湾と領海内に自由に持ち込むことが慣行化していたのだ。

第三章で述べたように連合軍占領時代の名残が色濃い旧日米安保条約には、一九六〇年の安保改定で設立された事前協議制度がなく、たとえ米軍が日本の領土内に核を配備・貯蔵しても日本側には拒否権はおろか、相談を受ける権利もなく、被爆国はただこれを黙認するしかなかった。

こうした状況下で「ニュールック」に基づくアイゼンハワー政権の東アジアへの核戦力投射政策の一環として行われたのが、日本への核搭載艦船の通過・寄港であり、その帰結が日本への「核の傘」の提供だったと言える。共産勢力と比べて劣勢な西側通常戦力の不備を核戦力で補おうとしたアイゼンハワー政権は「大量報復戦略」を打ち出し、全面核戦争も辞さない「核の脅し」でソ連や中国を抑止することを狙った。一九五三年の空母オリスカニの日本寄港を機に常態化していった日本への核艦船立ち寄りも、そうした戦略的な脈絡で制度化されていった。

「不都合な真実」を覆い隠すNCND

これまで説明してきたように、空母オリスカニの寄港目的は、中国や北朝鮮を威嚇する対共産圏抑止にあった。このオリスカニ寄港以来、日本への核艦船寄港は段階的に常態化していった。そのことは、ライシャワー大使が一九六三年二月、「〔核ミサイル〕レギュラスを搭載した通常型潜水艦が定期的に日本を訪れている」との公電を本国へ送った事実からも確認できる(Cable 1915 from Reischauer to Secretary of State, February 15, 1963, Confidential, Central Foreign Policy Files, Def Japan 1963, Box3729, RG59, National Archives)。

こうした旧日米安保条約時代から続く核艦船寄港の常態化を堅持するために、米軍部には安保改定で新設された事前協議制度の抜け穴が必要だった。そして抜け穴を確保しようと米軍部が巧みに利用したのが、これまでも触れてきたNCND政策である。

一九五八年に採用されたNCNDは、核兵器の小型化が進み、短距離型の戦術核が多様化していく時代背景の中で生まれた政策だ。五四年改正の米原子力法により、海軍が核の「設計、製造」に加え、その所在を含む「利用」を非公開扱いとしたことに端を発していることは既に述べた。そして五八年一月には、国務省と軍部の間で、外国政府からの問い合わせがあった場合は、「核兵器を構成する核コンポーネント(筆者註：プルトニウムや高濃縮ウランといった核分裂性物質を含むコア部分のこと)の存在については肯定も否定もしないのが米国の政策である」と応答することが取り決められた(外務省有識者委員会「いわゆる『密約』問題に関する有識者委員会報告書」一六―一七頁)。

安保改定の結果、核の「持ち込み(イントロダクション)」が日米間の事前協議対象となったものの、このNCND政策が存在する限り、その空洞化は端から避けられなかった。なぜなら、日本が「艦船上の核も事前協議の協議対象だ」といくら主張したところで、米側がNCND政策を盾に「各艦船上の核の存否についてはお答えできない」と返答することは自明の理だからである。日本に入港したある艦船の核搭載を疑った日本側が米側に真相を照会してみても、米側が「核の所在に関する情報は秘密」とのNCND原則を貫けば、事前協議制度がそこでは成立し得ないのである。

だが逆に言うと、このNCND政策を巧みに利用することで日米双方は互いにとって「不都合な真実」から目を背けることが可能となった。日本側にとって「不都合な真実」とは、国民の大方も薄々疑っていた米空母機動部隊による核持ち込みの事実に他ならない。また、米側にとってのそれも、真相を明らかにすると反核世論の激しい反発を招き、自分たちの対日政策にも著しい支障を来すことになる核搭載の事実そのものだった。

一九六〇年の安保改定の時点において、米側はNCND政策に依拠して核搭載艦船の問題を取り扱う意向を日本側に伝達していたとみられる。そのことは皮肉にも、外務省の日米密約調査で消失していることが確認された日本側の重要文書から推論できる。その重要文書とは、第三章でも言及したが、改定安保条約調印の翌日に当たる六〇年一月二〇日に行われた高橋通敏・外務省条約局長と米大使館員マウラとの秘密会談記録である。

この会談記録はもはや現存しておらず、その詳細を検証することは不可能だが、この会談記録を閲覧し、その概要を記憶している元外務省当局者がいる。一九九八―九九年に外務省条約局長を務め、局長在任中に同会談記録を閲覧したという東郷和彦だ。東郷は高橋‐マウラ会談記録の中身について、二〇一〇年三月一九日の衆議院外務委員会で以下のように証言している。

「この会談で米側は『核持ち込みは陸上のことを指している。NCND政策に立てば、海の上の核について米側はあるともないとも言わない』という趣旨のことを言っていた記録だと覚えている」

東郷のこの証言から、米側がNCND政策を論拠に、核艦船の通過・寄港を事前協議が必要な「核持ち込み」の対象外とする論法を導き出し、事前協議制度を最初から形骸化する意図だったことが読み取れる。また、もう片方の当事者である日本側も、安保改定当初から、こうした米側の解釈をはっきりと認識していたのである。

日本への核艦船の通過・寄港という「次善の策」を堅持するために、NCNDを奇貨として日本周辺海域における米軍核戦力運用の聖域化をできるだけ進め、有事の際には日本の港湾施設を核攻撃のプラットフォームとする実戦態勢を整備しておく——。こんな米側の冷徹な論理に基づく核密約は、同盟国の国民にその実情を何ら知らせないまま、同盟国内での核戦力の円滑運用を図ることを至上目的とする、盟主にとっての「同盟管理政策」の意味合いを帯びていたのだ。

薄れるNCND政策の正当性

核密約問題が世論や政治の関心を集めた二〇〇九年から一〇年にかけ、安全保障上の必要性から、米軍核搭載艦船の通過・寄港を今後は容認すべきだという「非核二・五原則」化の議論がメディアを賑わせた。

たとえば、東郷和彦が衆議院外務委員会で証言した翌日に当たる二〇一〇年三月二〇日、保守系大手メディアは、冷戦後は艦船に戦術核を搭載しなくなった米国が将来政策変更し、再度、核搭載する可能性を考慮して、「二・五原則」を検討すべきだとの論陣を張った。またNCND政策についても、核保有国が核戦力の運用を図る上での「当然の原則」との主張を展開する社説もあった(「社説『非核2・5原則』を検討せよ」『読売新聞』:「社説　非核三原則の見直し迫る

『密約』論議」『日本経済新聞』、いずれも二〇一〇年三月二〇日）。

冷戦時代に核密約によって核搭載艦船の通過・寄港が既成事実化していた以上、実態のない「三原則」を堅持する必要性はもはやない。むしろ、北朝鮮の核開発や中国の軍事力増強を考慮するなら、「核の傘」の有用性をこれまで以上に重視すべきで、少なくとも日本の港湾への「持ち込ませず」には政策上の妥当性は存在しない。また、ＮＣＮＤ政策によって同盟国米国が核の所在を明確にしないことは、敵の軍事的判断にも不確定要素を与えることになり、軍事戦略上も有利である――。こうした論理が、これらメディアの論調の背景にあったと考えていい。

しかし、このような思考様式はいささか論拠に薄いと言わざるを得ない。まずＮＣＮＤ政策を是とする論調に対してだが、こんな過去の米議会証言を紹介して反論を試みたい。

ハルペリン「ドイツや沖縄、他の場所でもそうだが、核の所在がわかってしまえば、その国の世論が反対するかもしれず、そうなると、その国に核を貯蔵し続けることが不可能になる。（中略）思うにロシアは衛星を使って〔米国の〕核がどこにあるかを正確につかんでいる。しかし〔米国の〕軍部内には、もしドイツで兵器の存在を確認した場合、明日にはブラジル人から「ウチの港に来る船には核が積まれているのか」と問い合わせが来る、との強迫観念がある。肯定も否定もしない線をいったん踏み越えれば、〔世界中〕どこでも肯定か否定をしなくてはならなくなる」(Hearing across the Subcommittee on U. S. Security Agreements and Commitments Abroad and the Subcommittee on Arms Control, International Law and Organization of the Committee on Foreign Relations, U. S. Senate, March 7, 14, and April 4, 1974, p. 36)

この証言が行われたのは一九七四年といささか古いが、米歴代政権で高官を務めた屈指の核戦略家、モートン・ハルペリンのこの証言には、現代にも通じる普遍性と政策的妥当性が見出せる。NCND政策があろうがなかろうが、潜在敵国は自らのインテリジェンスを駆使して米国の核戦力の所在をある程度把握しているという真理を明快に指摘しているからだ。さらにハルペリンは、核戦略上の必要性というよりも、核配備に拒否反応を示す同盟国の世論対策のためにNCND政策が必要だったという内実を暴露している。

ジョージ・H・W・ブッシュ(父)大統領が一九九一年に米軍艦船上からの戦術核撤去を宣言してから、NCND政策の正当性は俄然揺らいでいる。今や米軍部は、北西部三州に核搭載した大陸間弾道ミサイル（ＩＣＢＭ）を配備している実態や、戦略型オハイオ級原子力潜水艦に核弾頭付きの潜水艦発射弾道ミサイル（ＳＬＢＭ）が積まれている事実を否定しなくなった。射程が長く、同盟国の領土内に配備する必要のない戦略核に関しては、ＮＣＮＤの原則は既に崩れているのである。したがってＮＣＮＤ政策は今後、有事に備えた同盟国の世論対策という性格がいっそう濃くなる。

呪縛構造からの脱却を

次に、極東有事に備えて「非核二・五原則」化を図るべきであるとの議論だが、「核なき世界」を提唱するオバマ政権は二〇一〇年の核戦略指針「核態勢の見直し（ＮＰＲ）」で、核巡航ミサイル・トマホーク（ＴＬＡＭ／Ｎ）の段階的退役を既に決めており、将来、極東有事に際して日本を訪れる米軍艦船に戦術核が搭載される選択肢は、ほぼ消滅したと言っていい。

核巡航トマホークが兵器システムとして温存されているのなら、トマホークを搭載した攻撃型原潜が将来日本にやって来る可能性も決してゼロではない（なお、冷戦終結を受け、トマホーク用の核弾頭Ｗ80はすべて米本土に引き揚げられており、作戦航行する攻撃型原潜には核トマホークは搭載されなくなっていた）。

しかし、日本を訪れる可能性のあった唯一の核兵器システムが退役する以上、「二・五原則」の議論をしてみても何の有用性もない。にもかかわらず、「非核三原則」を弱体化させる「二・五原則」化の議論をいたずらに横行させることは、国際社会で非核の精神と核廃絶を唱える被爆国の正統性を掘り崩す行為につながりかねない。

米軍艦船による核の持ち込み、NCND政策、米核戦略、そして核密約。民主党政権が主導した日米密約調査は、「日米核同盟」の呪縛構造の根底にある諸要素を冷静に分析し検証する機会を与えてくれた。これを単なる歴史学術調査に終わらせず、より良き政策選択につなげるべく、呪縛から脱却する局面転換の契機としなくてはならない。

第5章

「プルトニウム大国」ニッポン

懸念を募らせる盟主

原子力留学生時代にホワイトハウスへ招かれ，アイゼンハワー大統領に出迎えられた写真を見せる伊原義徳（共同）

日本の原子力政策の根幹、核燃料サイクル

一九九三年三月、米東海岸を猛烈な寒波が襲った。大雪のため、ニューヨーク郊外の空港が三日間閉鎖され、長い間足止めをくらった末、一人の米国人核専門家が来日した。フランク・フォンヒッペル。身長一八〇センチを超える大柄の物理学者だ。

第二次世界大戦開戦前夜の一九三七年末に生まれたフォンヒッペルの母方の祖父、ジェームズ・フランクはノーベル物理学賞を受賞したドイツ系ユダヤ人学者。第一次世界大戦では毒ガス防護マスクの開発にも携わったが、ナチスの反ユダヤ人政策に強く反発して米国へ移住した。日本の真珠湾奇襲攻撃後、原爆開発計画「マンハッタン計画」への参加を求められた際、祖父のフランクはこんな条件を付けた。

「原爆が開発されたら、政権中枢に意見具申させてもらう」

この言葉の通り、一九四五年六月に自らの名を冠した「フランク報告」をまとめ、「無差別殺りくの手段」である原爆を無警告で日本に落とすべきではないと主張した。そして、まず無人区域で「デモンストレーション」を行うよう、日本での実戦使用を想定して原爆開発にまい

進するハリー・トルーマン政権に勧告した。

「広島への原爆投下が核軍拡競争の幕を切って落としたことは疑いない」。二〇一二年二月のインタビューでこう語った孫のフォンヒッペル。彼が生まれた時、父のアーサーは義父の名字「フランク」をファーストネームに、自身の親友で著名な物理学者ニールス・ボーアの「ニールス」をミドルネームに与えた。

そんな原爆と日本に浅からぬ関係を持つフォンヒッペルは一九九三年三月、大雪に見舞われた米国東部を飛び立ち、東京を訪れた。訪日の目的は、日米の原子力関係者の会合に出席するためだった。フォンヒッペルが東京都内の会議室で向き合ったのは、東京電力や関西電力などで核燃料サイクル事業を担当する大手電力会社の中堅幹部三人。青森県六ケ所村に建設予定の使用済み核燃料再処理工場の着工が一カ月後に迫ったタイミングで、日本の核燃料サイクル政策について非公式な意見交換を行うのがこの会合の狙いだった。

核燃料サイクル――。東京電力福島第一原発事故前、この言葉を聞いたことはあるが、その中身を詳しく知る市民はきわめて限られていただろう。核燃料サイクル政策、略して「核燃サイクル」は日本の中央政府、電力業界、そして関係する地方自治体がまさに官民挙げて推進してきた国策であり、日本の原子力政策とエネルギー政策の根幹だ。

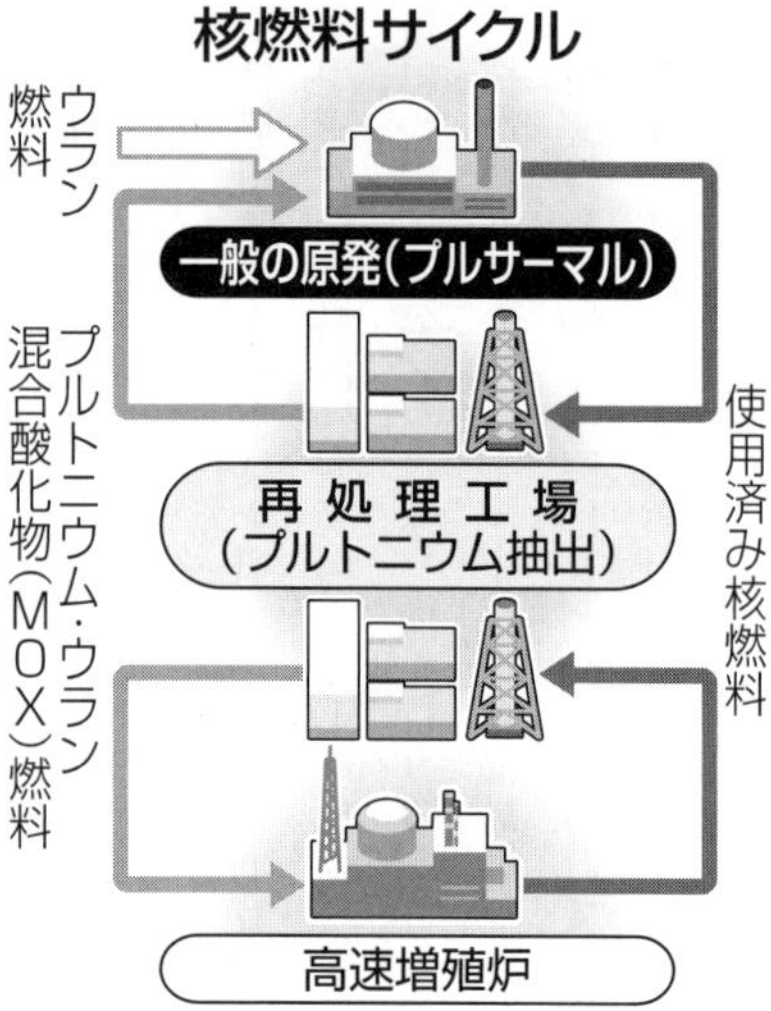

日本の原発はもともと米国から技術導入した「軽水炉」だ。中性子の速度を下げる「減速材」と、発生した熱を取り出すための「冷却材」に軽水（普通の水）を使う軽水炉はウラン燃料を使って発電する。軽水炉の中で使われた使用済み核燃料は、本来ならごみ扱いされるところだが、国と東電はじめ電力会社はこれを「ごみ」ではなく、「有価物」とみなして再利用することを目指した。日本は発電で使えるウランを自前で調達できず、海外からの輸入に頼らざるを得ない。さらにウランのみならず、日本は天然のエネルギー資源が乏しいため、自給率を向上させてエネルギー調達の安定を図る「エネルギー安全保障」の観点からも、使用済み核燃料の有効活用が模索されてきた。

使用済み核燃料の中には、燃え残った「ウラン235」のほか、核分裂反応が連鎖的に起こる臨界反応で生じた「プルトニウム239」があり、これを「再処理」と呼ばれる工程で回収する。日本が採用している再処理方法は、使用済み核燃料を硝酸で溶解させる化学処理を行い、そこからウランとプルトニウムを取り出す「湿式再処理」と呼ばれる技術だ。抽出したプルトニウムとウランは「混合酸化物（ＭＯＸ）燃料」にして、軽水炉で再利用する。再処理されたプルトニウムをＭＯＸ燃料にして軽水炉で使う発電のやり方は、「プルサーマル」の呼称を持つ。

ただ、国と電力会社がそもそも再処理事業を進めたのは、プルサーマルが目的だったわけではない。将来的には軽水炉ではなく、「高速増殖炉」という炉を実用化し、この炉でＭＯＸ燃料を使うことによって、燃やした以上のプルトニウムを増殖させることを目標とした。なお一九九五年のナトリウム漏れ事故をはじめ、トラブル続きの「もんじゅ」（福井県敦賀市）は高速増殖炉の研究開発を進める原型炉だ。

「わなにはめられた」

一九九三年三月に来日した米国人核物理学者、フォンヒッペルが日本の電力会社中堅幹部と対面した会議室の場面に話を戻したい。

この来日から間もなく、ビル・クリントン大統領の科学政策アドバイザーとしてホワイトハウス入りするフォンヒッペルは、会議室で、核兵器に転用可能なプルトニウムが大量生産される再処理事業に慎重な米国の立場を説明した。

一九七四年にインドが、カナダの提供した重水炉と米国が輸出した重水を使ってプルトニウムを生成、これを同国初の核実験に利用した事態を受け、当時の米国のジェラルド・フォード政権と後継のジミー・カーター政権は、新たな核兵器保有国の出現を阻止する核不拡散政策の大幅な強化を進めた。

そして、自身の海軍時代に原子力潜水艦の開発にも携わったカーター大統領は、使用済み核燃料からプルトニウムを抽出する再処理事業の民間利用を停止する方針を打ち出した。「平和利用」を名目に必要な資機材を海外から調達して再処理工程によってプルトニウムを生成、これを核兵器の原料に悪用する「第二のインド」をつくらないために、米国自らが民生用の原子力施設で再処理を行わない「厳格な模範」づくりに動いたわけだ。核技術の表裏一体性、つまり軍と民の絶対的な敷居が存在しないことを熟知するカーターは、「まず隗より始めよ」の精神で核不拡散政策の大幅強化に舵を切ったと言える。

ただ米国はロシアと並んで、今も核兵器を五〇〇〇発以上保有する核超大国であり、カーター政権以降も、軍事用プルトニウムの生産までは禁じなかった。

フォンヒッペルは会議室に集まった電力会社中堅幹部を前に、使う者の意図次第では「平和利用」を「軍事利用」に転化できる再処理技術の問題点を指摘し、再処理に否定的な歴代米政権の立場を説いた。やがてフォンヒッペルの説明が終わり、質疑応答が始まると、電力関係者の一人がこんな思わぬ一言を口にした。

「われわれは、わなにはめられたんだ」

フォンヒッペルにとっては耳を疑う衝撃的な言葉だった。

「わなに陥ったと悔やんでいるのに、なぜ再処理政策を変えようとしないのか。それが不思議でならなかった」。フォンヒッペルは二〇一三年五月に来日して私のインタビューを受けた際、こう語りながら、二〇年前の会議室でのやり取りを振り返った。

原子力開発利用長期計画——国策の原型

なぜ電力側は「わな」と口走ったのか。それは「国策民営」と呼ばれる日本の原子力政策のあり方にかかわる核心部分にたどり着く。

日本での原発導入の旗振り役であり、今も基本的に原子力を推進する立場にある国の原子力委員会は今から約六〇年前の一九五六年九月、日本初の総合的な原子力政策「原子力開発利用長期計画(長計)」をとりまとめた。定期的に改訂される「長計」は後に「原子力政策大綱」の名に改められ、中長期的な国の原子力政策の指針であり続けた。二〇一一年の東日本大震災前、電力比率に占める原子力の割合をいずれ五〇%にするとしていた政府の政策も、この「原子力政策大綱」で定められていた。そんな重要国策の大元である「長計」が初めて策定されたのが、米国の占領体制から独立して間もない一九五六年。そこにはこう明記されている。

「将来わが国の実情に応じた燃料サイクルを確立するため増殖炉、再処理などの技術の向上を図る」

日本初の原子力予算二億三五〇〇万円が計上されたのは、静岡県焼津のマグロ漁船、第五福竜丸が太平洋ビキニ環礁の東約一六〇キロで被ばくし、「汚染マグロ」の放射線検査で日本中が騒然となった一九五四年春。第五福竜丸が三月中旬に帰港し、読売新聞の歴史的なスクープで事件が国内外に明るみに出る以前に、中曽根康弘衆議院議員はじめ改進党系の国会議員は予算獲得に動いており、ビキニ被ばくを発端に日本国内で描かれる反核の軌道をよそに、「原子力平和利用」推進へ向けた画策が水面下で着々と進められていた。そして翌五五年には、中曽根らの後押しで原子力基本法が公布され、五六年一月には、ブルドーザーの如く原発導入の地平を切り開かんとする正力松太郎をトップとした原子力委員会が発足した。

そんな日本の原子力民生利用の黎明期である一九五六年に、右記の一節が「長計」に盛り込まれ、五〇年余の現在に至っても政府が堅持するところの国策である「(核)燃料サイクル」の六文字が刻まれた。使用済み核燃料を再処理することで取り出したプルトニウムやウランの有効活用を図り、最終的には、電力業界や原子力専門家から「夢の原子炉」と目された高速増殖炉をフル稼働させて消費した以上のプルトニウムを増殖。これによって、ウランはじめ天然資源に乏しい日本のエネルギー自給率を向上させる——。こんな国策の原型が、初の総合的な原子力政策となった五六年の「長計」に早くもかたどられている。

原子力留学生

この一九五六年の「長計」、略して「五六長計」が起草された当時の経緯を知る数少ない生き証人がいる。一九二四年生まれの元科学技術事務次官で元原子力委員会委員長代理の伊原義徳だ。いわゆる「原子力ムラ」の重鎮と言っていいだろう。

私は二〇一一年三月に発生した東京電力福島第一原発事故の後、日本の原子力政策に四〇年近く携わり、その黎明期から発展期を知る、まさに生き字引的存在である伊原に定期的に会い、毎回一時間程度、証言を聞く機会を設けてきた。広島、長崎、ビキニの三度の被ばく体験をした被爆国が、どうして事故前に五四基もの原発を保有するに至ったのか、その背景を知り、探求したいと素直に思ったからだ。

伊原は、最も早い時期に核燃サイクルの現場を自身の眼に焼き付けた日本人の一人だ。伊原は一九五五年二月に太平洋を渡り、米中西部シカゴ郊外のアルゴンヌ国立研究所傘下の「アルゴンヌ原子核科学工学学校」で、原子力の民生利用を包括的に学んだ初代原子力留学生だ。

伊原が留学する一四カ月前の一九五三年一二月、米大統領のドワイト・アイゼンハワーは国連総会で、かの有名な「アトムズ・フォー・ピース(平和のための原子力)」演説を行うが、原子力留学生の招請もその延長線上にあった。核兵器開発のために太平洋上で核実験を繰り返し、北大西洋条約機構(NATO)加盟諸国や韓国や台湾、フィリピンなどに次々と米核戦力の陸上配備を進めたアイゼンハワーは、ソ連との核軍拡競争に猛進するだけでなく、同盟・友好国に「原子力平和利用」を導入することで西側の結束を図り、米国が思い描く国際原子力政策の実現を急いだ。

米国が同盟・友好国から最初に招いた一九五五年の原子力留学生は、伊原ともう一人の日本人研究者を含め三九人。欧州やアジア、中東、中南米の研究者らが含まれた。

伊原ら留学生はアルゴンヌでの研修生活を本格的に始める前、アイゼンハワーその人の招きでホワイトハウスの門をくぐった。世界各国から集まった初代留学生による表敬訪問というセレモニー的な色彩が濃い大統領との面談だが、アイゼンハワーは留学生一人一人と握手を交わしたという。「大統領は手を出すだけだった。握らない。こっちは一生懸命握った。非常に冷たいなあ……という感じ。一〇日ほどしたら、ハートアタックで倒れたので、その前兆だったのかなと思った」と伊原は当時を振り返る。伊原は紛れもなく、「日米核同盟」の創成期を知る数少ない生き証人と呼んでいい。

初の原子力予算「235」の真相

そんな米大統領肝いりの原子力留学で、伊原は核燃サイクルの現場を目の当たりにする。一九五五年夏、伊原は留学生仲間とともにシカゴを出発し、大陸横断鉄道に揺られること三日二晩、どこまでも続くトウモロコシ畑を抜けて無人の砂漠地帯を西へ向け横断した。そして、西部アイダホ・フォールズの広大な敷地の中にある原子力研究施設にたどり着いた。「砂漠の中に五〇キロ四方もある空き地があった。こっちにぽつんと試験炉、向こうにぽつんと別の形の試験炉、小さな再処理工場もあった。けた外れの広さだった」と回想する伊原。伊原はこの時、米国が研究開発を進めていた再処理の現場、つまり核燃サイクルの中核に位置づけられる技術開発の実践現場に遭遇する。

京都の三高から東京工業大に進学した伊原は二一歳で終戦を迎えた。港町の神戸で幼少を過ごした伊原はもともと造船の世界で働くことを夢見ていた。大学で電気工学を学んだ後は、電機系の大手メーカーを志望するが、戦時中に膨れあがった労働者の首切りが盛んに行われていた当時、民間への就職は狭き門だったという。そのため伊原は官公庁を選び、まず当時の商工省に入り、しばらくして工業技術院調査課へ配属となる。そこで先述した中曽根らの付けた初の原子力予算を担当、この時の「二億三五〇〇万円」の計上額は「核分裂を起こすウラン同位体、ウラン235から来ている」とも言われているが、私の問いに伊原はこの風説をこうあっさり否定した。

太田「『235』は中曽根さんの発案か?」

伊原「いやいや。単なる引き算。科学技術振興費三億をポンとつけた。その中からPBレポート購入費一〇〇〇万、チタンの研究費一五〇〇万、ゲルマニウム用に一五〇〇万などをさっ引いていった。すると二億六〇〇〇万が原子力。うち資料購入費が一〇〇〇万。一五〇〇万がウラン探査費。さし引くと二億三五〇〇万円。中曽根さんは政治家だから」

初の原子力予算計上の真相を伝える秘話である。

本来、原子力は全くの門外漢だったが、日本初の原子力予算を扱った縁で、伊原は上司から原子力留学生になるよう命じられ、その後、自身の官僚人生の大半を原子力政策に傾けることになる。日本から留学先に向かった時の心境を覚えているかと尋ねたら、「希望に満ちていたとは思うが、未知の世界だから不安はあった。ただ『よしやってやろう』という感じではあった」と淡々と語った。

繰り返された「資源論」という言葉

さらに伊原は原子力と核燃サイクルについてこんな証言をしている。やや長くなるが、貴重な証言と思われるので、インタビューのメモからそのまま引用したい。

太田「国の復興に原子力が重要と考えたのか」

伊原「日本はエネルギー資源のない国。四％しか自給力がないわけだから、何らかのエネルギーを外国から入れないといけない。何がいいかと検討したら、原子力発電は有効な手段だと。(中略)これは〔核科学者のサミュエル・〕グラストンの教科書。いろんな勉強をして、書き込みをしている。アルゴンヌで渡された」

太田「核燃サイクルの話も出てくる?」

伊原「はい。非常に親切に書かれている。八六一ページ。第七章に原子燃料の再処理というのがある」

太田「〔使用済み核燃料を化学処理する〕湿式再処理のことが書かれている?」

伊原「そう。(中略)再処理する必要があるというのは最初から知られていた。再処理しないで使用済み核燃料で捨ててしまうと、ウランのポテンシャル・エネルギーのせいぜい一%くらいしか使えない。あとは捨ててしまうことになる。再処理してリサイクルすると六割は活用できるという説明だった。留学する前からこのことを聞いていた」

太田「〔核燃サイクルについて〕どう思っていたか。夢があると?」

伊原「そう思った。日本は資源がない国だから」

(中略)

太田「資源がないから〔核燃サイクルは〕必要という意識はアルゴンヌで学べば学ぶほど強

まったか」

伊原「ええ。日本でもちゃんとした再処理施設をつくって、ポテンシャル・エネルギー、潜在エネルギーをできるだけ引き出すことをやろうと、一生懸命勉強した」

先の戦争の苦い体験を知る伊原は、インタビューで「資源論」という言葉を何回も使った。資源を求めアジアを侵略したが、米国の制裁で資源が枯渇、対米開戦に至った戦前の誤り――。伊原は先の戦争の教訓を踏まえ、エネルギー自給率を高めるために自前の資源を確保する必要があるとの「資源論」を説き、「原子力は有効な手段」との持論に至った。そして原子力留学時代の夏にアイダホ・フォールズで実際目にした核燃サイクルに着目、一九五五年秋に帰国した後、「五六長計」の起草メンバーとなり、日本の戦後復興のために不可欠と確信した「(核)燃料サイクル」の文字を長計に刻み込んだ。

国策民営――「わな」の構図

一九五六年九月にまとまった「五六長計」以来、核燃サイクル、中でもその中核となる使用済み核燃料の再処理事業は「国」が青写真を描き、「民」がこれに従う形で進められてきた。

青森県六ケ所村の使用済み核燃料再処理工場を運営する日本原燃の前身、日本原燃サービス社長も務めた元東京電力副社長の豊田正敏（取材時に九〇歳）は、二〇一三年七月の取材に対し、再処理事業について「国策なので国がやってくれるという認識があった」と語っている。電力各社が出資してつくった日本原燃は紛れもない民間企業で、東日本大震災の後も再処理工場の早期稼働へ向けた準備を着々と進めてきた。

今でこそ再処理事業は日本原燃という民間企業が取り組んできたものという認識が定着しているが、豊田に言わせるなら、再処理はそもそも国がやるべきものだという。豊田の証言をもう少し詳しく紹介しよう。

「再処理はほかの国でも国がやっているので、『国がやってくれるなら、やってもらったらどうか』という話はあった。〔再処理で出る〕高レベル廃棄物の処分も国がやってくれることだと。電力は軽水炉を問題なく動かすことが使命だと考えていた。ところが動燃が東海の再処理〔工場〕を作ってもまともに動かない。ともかくなっていないので、最初はイギリスとフランスに委託していたが、日本でやることになると民間でやらざるを得ないと。最初は国がやってくれるものだと、国策なのでバックエンドについては国がやってくれるという認識があった。動燃に任せておけないということで日本原燃をつくってやろうということになった」

豊田によると、巨額の投資コストに加え、高レベル放射性廃棄物の処分という技術的にも困難な問題があり、当初、再処理事業に民間の電力会社は及び腰だった。しかも電力会社はあくまで発電事業者であり、化学工場である再処理工場の建設・運営は本来、専門外だ。科学技術庁（現在の文部科学省）傘下の動力炉・核燃料開発事業団（動燃、現在は日本原子力研究開発機構「ＪＡＥＡ」に統合）が中心となって、一九七〇年代から本格化した茨城県東海村での再処理事業も順調ではなかった。

そのため、一九六〇年代から原発を動かしてきた電力会社は、原発で燃やした使用済み核燃料を再処理施設のある英仏両国に搬送して、再処理を委託せざるを得なかった。原発の立地・運転を規制する原子炉等規制法の下では、電力会社が新しい発電炉の設置許可を役所に申請する際、その炉で使った使用済み核燃料をいかに処分するか、その方法を明記しなくてはならないからだ。

豊田の証言によると、電力会社の内部には早くから、使用済み核燃料を再処理せずに地中に埋設して廃棄する「直接処分」を望む声もあったようだ。しかし、先に見た「五六長計」の時代から、再処理を軸とした核燃サイクル路線の方向性が国策として確定していた。

「国は再処理した方が安いと。技術的には直接処分は難しいと。国は一度決めたら何とか押し通そうと、いろんな理屈を付けて……」。こう豊田が苦々しげに回想するように、「国策民営」を是としてきた原子力発電事業の分野では長年、国が描く筋書き通りの範囲内でしか民間は基本的に動くことができなかった。そして、そんな国策民営の最たるものが核燃サイクルだった。

「わなにはめられた」。本章冒頭で紹介したように、大手電力会社の中堅幹部が米核物理学者フォンヒッペルにこう口走ったのも、こんな国策民営の構図がもたらした帰結だった。

核兵器五〇〇〇発分

実を言うと、巨費がかかる上、技術的にも困難が伴う再処理事業そのものついては、日本政府の中にも、また東京電力のような電力会社の中にも懐疑論が存在し続けた。世界的に見ても核兵器保有国でしかフルスケールの実用化が実現できていない再処理技術を確実に操りながら、これをちゃんと採算の採れる民間事業としてほんとうに成り立たせていくことが可能なのかどうか、慎重に見る向きがあったからだ。

いわゆる原子力ムラが必ずしも、再処理推進でイケイケどんどんの一枚岩ではなく、その内部に知られざる暗闘があったことは後に詳述するが、核燃サイクルという複雑かつ巨大なシステムを実際に制御かつ操縦して、これを持続可能な形で商業ベースに乗せられるのか、また、使用済み核燃料で施設を放射能汚染した後にかかる巨費に見合う利得を社会全体に還元できるのか、こうした素朴かつきわめてまっとうな問いを投げかけるプロが、ムラの中にいたことをここで強調しておきたい。

また官民双方に再処理慎重派が実在したということは、逆に言うなら、それぞれの側に再処理を断固進めたい推進派が存在し、核燃サイクル実現に猪突猛進する彼らが互いに呼応し合いながら、国策である再処理実用化へ向けて政策誘導と世論誘導を進める環境がととのっていたことを意味する。

一九九三年に着工しながら、高レベル廃棄物をガラス固化する工程の確立が遅れるなどして二〇一四年夏の時点でも完工していない青森県六ケ所村の使用済み核燃料再処理工場。東電や関西電力、中部電力など原発事業者がこぞって出資した工場運営者の日本原燃がこれまでに投じたコストは、建設費だけで二兆円を優に上回る。その巨額のツケが、「総括原価方式」と呼ばれる電気料金制度の下、電力利用者である市民一人一人に負わされている現実を決して忘れてはならない。さらに、この商業用再処理工場が実際に稼働して使用済み核燃料から核物質プルトニウムが抽出されるはるか以前から、日本が膨大な量のプルトニウムを保有している事実からも目を背けてはならない。

内閣府原子力委員会の公表資料などに基づけば、日本は二〇一三年の時点で、使用済み核燃料を再処理して抽出した約四五トンのプルトニウムを保有している(うち約三〇トンがプルトニウム239、241の核分裂性物質)。米欧の核専門家によると、核爆弾一発をつくるのに必要なプルトニウムは四~八キロ。従って約四五トンのプルトニウムから製造できる核爆弾は、低めに見積もっても五〇〇〇発以上という計算になる(原子力委員会「我が国のプルトニウム管理状況」内閣府、二〇一三年を参照)。

全世界にある核兵器は約一万六〇〇〇~七〇〇〇発。うち核超大国である米国が約七四〇〇発(解体待ちの二七〇〇発を含む)、これに対抗するロシアが八〇〇〇発(解体待ちの三五〇〇発を含む)で、残りを英国、フランス、中国、インド、パキスタン、イスラエル、そして北朝鮮が保有する(Hans Kristensen and Robert Norris, "US nuclear forces, 2014, Nuclear Notebook," Bulletin of the Atomic Scientists, Vol. 70(1), 2014; Kristensen and Norris, "Russian nuclear forces, 2014, Nuclear

"Notebook," Bulletin of the Atomic Scientists, Vol. 70(2), 2014）。

突出する日本の〝余剰〟プルトニウム

また、国際専門家グループ「核分裂性物質に関する国際パネル（IPFM）」の公表資料から、商業用再処理など民生利用の結果生じたプルトニウム、つまり「民生用プルトニウム」の保有量を国別に比較すると、核兵器を持たない非核保有国の日本が核保有国並みのストックを保有していることが一目瞭然だ（IPFMウェブサイトより＝表参照）。

各国のプルトニウム保有量

［単位：トン］

	非民生用	民生用
ロシア	128	50.1
米国	87	0
フランス	6	57.5
英国	3.5	91.2
中国	1.8	0.01
日本	0	44.9
ドイツ	0	5.8

※国際専門家グループ「核分裂性物質に関する国際パネル」資料による．2011 年末時点のデータに最新情報を加味した．

米国は核兵器に使う軍事用のプルトニウムを八七トン持っているが、民生用の数量はゼロだ。これは、一九七四年にインドが民生用に輸入したカナダの重水炉と米国の重水を使ってプルトニウムを生成し初の核実験に踏み切った教訓を踏まえ、七〇年代後半にカーター政権が国内の商業用再処理計画を全面的にストップさせた結果だ。既に触れたが、カーター政権はまず自ら民生目的でプルトニウムを分離・生成する既存路線を断ち切り、日本を含めた国際社会がそれを模範としてくれる展開に期待した。決して「第二のインド」をつくらない――。こう決意したカーター政権はプルトニウムの商業利用よりも、核不拡散政策を重視したわけだ。

米国に次ぐ原子力大国のフランスは五七・五トンの民生用プルトニウムを保有し、米国と並ぶ核超大国ロシアは、それをやや下回る五〇トンのストックを持つ。日本や欧州諸国から引き取った使用済み核燃料の再処理サービスも手掛けてきた英国は、フランスやロシアを大きく凌駕する九一トン超の民生用プルトニウムを所有。近年、熱心に原発を導入し始めた中国のプルトニウム保有量は二〇キロに満たない。

そして注目してほしいのは日本と同じ非核保有国で技術大国のドイツ。かつて原発にエネルギー供給を大きく依存していたドイツの民生用プルトニウム保有量は約六トンに過ぎず、日本の七分の一だ。なおドイツ以外の非核保有国は、この数字を大幅に下回るプルトニウムしか持っていない。

こうした具体的データを比較すると、核爆弾五〇〇〇発分以上に相当する日本のプルトニウム保有量が、いかにとてつもない量であるかがよくわかるだろう。しかし、東京電力福島第一原発事故から三年の歳月が流れた二〇一四年夏時点でも、約四五トンのプルトニウムを利用する具体的かつ現実的な道筋は、ただただ原発再稼働に前のめりとなる日本政府や電力会社から何ら示されないままだ。

ホワイトハウスでの静かな議論

こんな核物質プルトニウムをめぐる日本のお寒い状況に、半世紀以上もの長きにわたって日本の原子力政策の後ろ盾であり続けた米国の政権中枢も黙ってはいない。

私は東京電力福島第一原発事故の発生から八カ月後の二〇一一年一一月初旬、ワシントンを取材で訪れ、ホワイトハウスで原子力政策を担当する高官と意見交換した。ホワイトハウスの目の前にあるカフェで交わした小一時間ほどのやり取り。思わぬ言葉がこの高官の口から次々と飛び出し、鮮烈な驚きとそこはかとない懸念が私の胸中に去来した。

「米政府内の議論はもはや福島の事故そのものではなくなっている。福島第一原発の状況は安定化したと見ている」。こう切り出したホワイトハウス高官はさらにこう言葉を続けた。

「それよりも問題なのは日本の原子力エネルギー政策だ。今後、原発の新規立地がなくなれば、もはや再処理の必要性は生じないはずだ。だから日本が再処理の権利を放棄すると

いう選択肢も出てくる。核不拡散上はそうするのが望ましい。オバマ政権内において『日本が再処理を放棄するのが望ましい』との点で議論はない。むしろ論議しているのは、日本にそれを働きかけるべきか否か、働きかけると逆効果を招くかどうかだ」

福島の事故が危機的局面をかろうじて乗り切り、事故対応に携わった米政府関係者もようやく一息ついたこの時期、既に新たな議論が静かにホワイトハウスで進行していたことを物語る発言だった。私は正直、この言葉にたまげた。事故の危機対応に一段落がついたのも束の間、オバマ政権が既に次のフェーズを見据えた議論に照準を定めていることが明瞭に読み取れたからだ。

十分な数の原発が再稼働できず、再処理済みのプルトニウムを加工したMOX燃料を日本全国の原発で使えないとなると、日本が保有するプルトニウム約四五トンの使い道も見えてこない。原発事故前、経済産業省と電力会社は福島第一原発の3号機を含む一六〜一八基の軽水炉でMOX燃料を使う「プルサーマル方式」でプルトニウム需給のバランスを保ち、青森県六ケ所村の使用済み核燃料再処理工場をいずれ操業する考えだった。そして長期的には、もんじゅで知られる高速増殖炉を実用化させ、プルトニウムを大量に使うことで、国際社会に対して

「使用目的のない余剰プルトニウムは持たない」とする長年の日本の公約を履行していくはずだった。

しかし福島での無残な事故を受けて、このシナリオは文字通り、画餅と化した。「原子力安全神話」が完全崩壊し、日本の原子力を牽引してきた産官学政による原子力ガバナンスの信頼と権威はほとんど回復不能な次元にまで失墜した。そして何より、脱原発が世論のマジョリティを支配し続けており、プルサーマルを一六〜一八基で実践することはきわめて困難だ。高速増殖炉計画に至ってはその事業主体である日本原子力研究開発機構（ＪＡＥＡ）のお粗末な運営体制が露呈、さらに一九九五年のナトリウム漏れ事故でもんじゅの運転停止が長期化し、ほとんど瀕死の状態にあると言っても過言ではない。

こんな荒涼とした日本の原子力界の実情を透徹したオバマ政権は、これ以上の日本のプルトニウム増産に政策的な合理性はなく、再処理事業を柱とした核燃サイクルについても包括的な見直しが不可欠と判断していたわけだ。そのことは、半世紀以上続く「日米核同盟」の転機を予感させるものだった。

「ダブルスタンダード」との批判

先のホワイトハウス高官と私が二〇一一年一一月に交わしたやり取りについてもう少し続けたい。取材後に記したメモを以下に転載する。

太田「〔日本の再処理に対して、あなたが示した否定的見解は〕オバマ政権上層部、閣僚レベルも同じ認識なのか」
高官「そうだ」
太田「オバマ大統領も同じか？」
高官「そうだと思う。私は日本が再処理を放棄した方がいいと思っている。（中略）〔米政府が日本に再処理放棄を働き掛けるのは〕やはり逆効果だと考えるか」
太田「野田政権は沖縄・普天間飛行場の移設問題もあって、米側の圧力を受けて政策変更したとのイメージを大衆に与えたくないはずだ」
高官「そうか……。（中略）韓国は『どうして日本だけに〔再処理事業の実施を〕認めるのだ。ダブルスタンダードだ』と主張している」

次章で歴史的経緯を含め詳述するが、非核保有国の日本が商業規模で再処理事業を行えるのは、米国のお墨付きを得ているからだ。日本は今でこそ自前のウラン濃縮工場を持つまでになったが、もともと濃縮ウランの調達は米国に依存していた。そのため米国産濃縮ウランを用いた核燃料を原発から取り出して再処理するには、米国から「個別の同意」を得る必要があった。

一九七七年、日本の国家プロジェクトであった茨城県東海村の再処理施設が完工し、いよいよ稼働するという段になって当時のカーター政権は日本に、「待った」をかけてきた。旧日米原子力協定時代のこの頃、日本が再処理を行う際には、今し方言及した米国の「個別同意」を得た上で事業を行うことになっていたが、インドの核実験を受けて核不拡散政策を大幅強化したカーター政権は当初、東海での再処理実施に首を縦に振らず、きわめて慎重な態度に出たのだった。

再処理という「特権」

このカーター政権の冷淡な対応に日本は驚愕した。「日本の原子力産業振興のためなら、米国はほとんど何でも言うことを聞いてくれる」とそれまで事態を楽観視していた日本の原子力ムラにとっては、まさに青天の霹靂だった。日本政府はこの時なめた辛酸を踏まえ、より親日的なレーガン政権が登場した一九八〇年代、日米原子力協定の改定交渉を米側と進めた。そして長く困難な交渉の末、八八年に締結された新たな日米原子力協定で勝ち取ったのが、日本の再処理事業に対する米側の「包括的事前同意」だった。包括的事前同意は米側が日本の再処理事業にあらかじめ了承を与えることを旨としており、これによって日本は六ケ所村で再処理事業を全面展開することが可能となった。「日米核同盟」は民生用原子力分野における絶頂期を迎えようとしていた。

米国が第三国に再処理の実施を事前に認めているのは、独自の査察システムを持つ欧州原子力共同体（ユーラトム）加盟国、核拡散防止条約（NPT）未加盟の核保有国のインド、そして日本だけだ。従って一九八〇年代の日米原子力協定の改定交渉で、日本は米国から再処理を行う特別の権利、「特権」を得たと言ってもいい。先のホワイトハウス高官が「韓国は『どうして日本だけに〔再処理事業の実施を〕認めるのだ。ダブルスタンダードだ』と主張している」と私に語ったのは、こうした経緯があるからだった。韓国は目下、自前の再処理技術開発を進めており、二〇一六年に期限切れとなる米韓原子力協定を改定し、使用済み核燃料の再処理とウラン濃縮を行えるよう米側に要求し続けている。

米国の与えた特権にあぐらをかいてきた日本は今や、約四五トンものプルトニウムを持つに至った。しかし、これら膨大な量のプルトニウムを具体的に消費していく道筋は確かではない。しかも日本の世論は「３・11」の教訓から、原子力を漸進的かつ相対的に減らす方向へとシフトしている。そんな落ち目の原子力大国の日本にだけ特権を容認し続け、どうしてこれから原子力大国の地位を築こうという韓国には再処理特権を認めてくれないのか。これは二つの同盟国を差別的に扱う、明らかなダブルスタンダードではないか。日本と同等の再処理実施の権利を――。ホワイトハウス高官は、こんな韓国の苦言と恨み節を私に代弁していたのだ。

コインの裏表

原発の使用済み核燃料からプルトニウムを抽出する民生用の再処理技術、そして核分裂性のウラン235の濃度を高めて原発燃料を生成する商業用のウラン濃縮技術は、核の軍事利用である核兵器開発と「コインの裏表」の関係にある(「核の軍事利用」には他にウラン濃縮した燃料の軍用潜水艦での使用がある)。

そのことは、核兵器保有国がたどってきた軌跡を見れば一目瞭然だ。米国といわば二人三脚で自前の核戦力を構築してきた英国はもともと原爆開発のために原子炉を製造し、出てくる電力を副産物として活用した経緯がある。

日本にとって安全保障上の重大な脅威である北朝鮮の核開発も、金日成/金正日の親子体制は当初、あくまで民生利用を謳い文句にしていた。ソ連から原子力技術を学び、北朝鮮の核開発のメッカである寧辺で実験用の黒鉛減速炉を製造、これを稼働して取り出した使用済み核燃料を再処理することでプルトニウムを生成してきた。NPT脱退を一方的に宣言して二〇〇三年に再処理施設を本格稼働させて以降、北朝鮮はこうした核技術開発を民生利用とはもはや言わなくなり、核保有国としての地位の認知を国際社会に迫りながら、米国との「核軍縮交渉」を求めるようになった。

イランの場合は、ウラン濃縮技術の獲得を一九八〇年代から秘密裏に模索してきた。天然ウランに〇・七%しかないウラン235を「遠心分離機」と呼ばれる装置数千台を使って濃縮し、その濃度を三~五%にすれば原発用の燃料として利用できる。濃縮度を高めて二〇%以上の高濃縮ウランを大量製造し、さらにこれを九〇%超にまで濃縮すると、核兵器にきわめて適した「兵器級」の高濃縮ウランとなる。

日頃は民生用と称して二〇%を下回る低濃縮ウランを製造・蓄積しながら、イスラム革命体制の護持にかかわる、いざという有事が来れば、持っている遠心分離機をフル回転させてこの低濃縮ウランを九〇%台の兵器級高濃縮ウランに生成、核兵器転用できる能力を堅持する――。

おそらくこれが、イランのハメネイ現体制が長年探求してきた選択肢であり、「潜在的核オプション」と呼ばれる核兵器能力確保の道筋だ。

米国の核専門家によると、イランは二〇一三年の時点で遠心分離機三〇〇〇〜五〇〇〇台を使って保有する低濃縮ウランを再濃縮すれば、半年もあれば核爆弾一発分に相当する兵器級高濃縮ウランを十分生産できたという。潜在的な核開発能力を保持しながら、政治的意思ひとつで一気に核開発に舵を切る能力、すなわち「ブレークアウト」能力をいかに統制しながら、イランの核兵器開発能力を封じ込めるかが、イラン核問題の最大の焦点だ(Patrick Migliorini, David Albright, Houston Wood and Christina Walrond, "Iranian Breakout Estimate", September 2013, ISIS Report, 2013)。

核技術の資性があぶり出すNPT体制の限界

核超大国として冷戦時代から国際的な核秩序の構築を主導し、これに君臨してきた米国は、絶対的な敷居がない「軍」と「民」の核技術利用をいかにして後者のみに制限するか、長年腐心し続けてきた。そんな米国が自らの描く国際核秩序を維持していくに当たり、有力な道具とみなしてきたのが、核兵器国を米国、ロシア、英国、フランス、中国の五つに限定する一九七〇年発効のNPT、核拡散防止条約だ。

NPTは、五つの核保有国に「核軍備競争の停止をできるかぎり早期に達成」(前文)するよう核軍縮を促し、残りの大多数の国に核兵器保有のオプション放棄を要求、一方で核の民生利用(いわゆる「平和利用」)の権利を認めることで成り立っている。「核軍縮」と「核不拡散」、そして「原子力平和利用」の三つの要素からなる「グランド・バーゲン(大局的な取引)」を基調としており、米国の歴代政権は中でも「核不拡散」に比重を置き、新たな核保有国誕生の芽を摘むことにエネルギーを傾注してきた。

NPT違反が濃厚な核開発疑惑国が現れれば、国際原子力機関(IAEA)を通じて国連安全保障理事会に問題を付託し、国連制裁を科すというのが、米国が先導してきたオーソドックスな外交手法だ。北朝鮮やイランに対しても、これまでこのアプローチを採ってきた。

北朝鮮のようにNPT脱退を勝手に宣言し、軍部や核研究組織とつながるフロント企業を介した闇のネットワークを使って原子力資機材の調達を図る国もあれば、NPTにある「平和利用の権利」を前面に押し出しながら、核兵器製造直前の〝寸止め〟の核能力獲得を目指すイランのような国も出てきた。なお北朝鮮もイランも共に、パキスタンの「核開発の父」とされるA・Q・カーン博士が世界に張り巡らしたウラン濃縮技術の裏の調達網、「核の闇市場」に触手を伸ばしながら、核への野望を温め続けてきた。

とりわけイランは、古くから国交のある日本の外交官に対して、「われわれは核兵器保有を目指していない。目指しているのは日本モデルだ」と明言してきた。これは、核燃料サイクルに代表される軍事転用可能な民生用核技術の開発・保持に努めてきた日本を模範に、「平和利用」にまい進していく強固な国家意思の表れだ。これもひとえに、「軍」と「民」双方に適用可能な核能力に内在する根源的な性格、つまり核技術の表裏一体性に起因するものであり、NPTを屋台骨とした核不拡散体制の不備や弱点が近年とみに顕在化しているのも、そうした核技術の本質的な資性によるところが大きい。

東京電力福島第一原発事故の後も、原子力技術の獲得を目指す新興国や途上国の勢いはとどまるところを知らない。こうした潮流の中で、NPT体制の死角、つまり「軍事利用」と「平和利用」という人工的な線引きによってそうした表裏一体の核技術の資性を統制していこうとすることの限界が、今後いっそう露呈していくにちがいない。

「日米原子力協定の前提が狂う」

これまで指摘してきたように、約四五トンもの核物質プルトニウムを保有する「プルトニウム大国ニッポン」に対する国際社会の視線は厳しい。その風当たりの強さは、二〇一二年九月に当時の野田佳彦政権が「ポスト3・11」の新たな原子力政策を打ち出した際、最高レベルに達した。

「日本政府にお伝えいただきたいことがある。一つは、ありうる負の影響をなるべく最小化したい。もう一つは柔軟性を残してほしい。常に実際のデータと現状を踏まえて見直しを行い、早期かつ頻繁に〔原子力政策に関する〕方針を変える可能性を残しておき、後に選挙で選ばれた人たちが調整できるようにしてほしい」

米エネルギー省ナンバー2のダニエル・ポネマン・エネルギー副長官は二〇一二年九月中旬、ワシントンで会談した当時の民主党政調会長、前原誠司衆院議員にこう言い放っている。野田政権は九月一七日に新たな原子力・エネルギー政策「革新的エネルギー・環境戦略」をまとめるが、前原議員はこれに先立ち訪米し、ポネマン副長官を含む米側関係者に同戦略の方向性を説明して歩いた。このポネマンの発言を、私は会談に携わった関係者への取材から確認している。

ポネマンが言う「後に選挙で選ばれた人たち」が、当時野党の地位に甘んじながらも、近い将来行われる総選挙で政権復帰が確実視されていた自民党指導部のことを指すのは明らかだろう。ポネマンは前原が説明した「革新的エネルギー・環境戦略」について、いずれ政権を奪還する自民党が「調整できるように」、より端的に言えば、同戦略を修正・変更できるよう政策に十分な柔軟性を持たせるよう求めたのだった。

同盟国とはいえ第三国の政権を担当している与党幹部に対して、ポネマンのこの発言はあまりに礼を失している。受け止めようによっては内政干渉とされかねない物言いだ。しかしそのことは、核の同盟を組む日米両国の歴然たる力の差を表象している。

ポネマンのこんな露骨な物言いの背後にあった要因は他でもない。前原が持参してきた「革新的エネルギー・環境戦略」が重大な政策的矛盾、より辛辣な言い方をすれば、深刻な制度的欠陥を内包するものだったからだ。

ポネマンが問題にしたのは、野田政権が「革新的エネルギー・環境戦略」で「二〇三〇年代の原発ゼロ」を標榜する一方、核燃サイクル路線堅持を鮮明にしていた点だった。ポネマンは前原に次のようにも言明している。

「唯一の被爆国であり不拡散のリーダーである貴国としては、プルトニウムの在庫量を最小にしてほしい。六ケ所を稼働してプルトニウムを分離し、一方で「多量のプルトニウムを使う高速増殖炉」もんじゅは廃止となり原発もゼロになるのであれば、日米原子力協定の前提が狂う」

特に最後の「日米原子力協定の前提が狂う」の一言は、日本政府にとって深刻だった。米国はこれまで、日本が「使い道のないプルトニウム」、つまり「余剰プルトニウム」を持たないという大前提の基に青森県六ケ所村で行う再処理事業にゴーサインを与えてきた。しかし、全国各地で開いた車座的な市民対話「国民的議論」を経て野田政権がまとめた「革新的エネルギー・環境戦略」は、原発ゼロを段階的に実現する半面、核燃サイクルを推進する、つまりプルトニウムの増産につながる再処理事業に「引き続き従来の方針に従い取り組む」方針を打ち出していた。この政策決定が、核不拡散の観点から「余剰プルトニウム」の発生を強く警戒するワシントンに激震を走らせたのだ。

もうひとつのメルトダウン

既に存在する大量のプルトニウムを具体的に消費するめどがないまま、仮に再処理工場を本格稼働すれば、約四五トン、核兵器五〇〇〇発分以上の核物質が減るどころか、増えていくのは自明の理だ。福島での原発事故前は、一六～一八基の軽水炉を使ってプルトニウム需給のバランスを図る「プルサーマル」を全面展開することで、余剰プルトニウム問題を顕在化させない絵図が描かれていたが、それはもはや水泡に帰した。しかも野田政権は二〇三九年までの「原発ゼロ」を目指すという。

ポネマンがプルトニム問題をことさら重大視し、自民党が政権復帰した暁には政策変更を可能にする柔軟性を求めたのも、野田政権の「革新的エネルギー・環境戦略」にこうした根源的矛盾があったからだった。

当時の野田政権の閣僚にインタビューを重ねたが、当初は「革新的エネルギー・環境戦略」を法制化するアイディアも政権中枢で論じられていた。内閣官房に開示請求して公開された同戦略の草案にも、「政府は責任を持って政策転換を行い、その着実な実現への第一歩として『革新的エネルギー・環境戦略推進法案』を速やかに国会に提出する」と明記してある。

だが、「二〇三〇年代原発ゼロ」を実現する道筋を描くはずだったこの法制化構想は、幻に終わる。その最大の要因は、ポネマンに代表されるワシントンの政策決定者が抱いた、同戦略に対する強い懸念、すなわち「日米核同盟」の盟主米国の切実な危機感だった。ポネマンら米政府高官はその危機感を、前原や彼の訪米の直後に野田首相の名代としてワシントンを訪れた当時の首相補佐官、長島昭久らに訴えた。そうした米国の厳しく冷徹な反応、さらに当時の国会のねじれ状況が野田政権に法制化を逡巡させ、これを断念することにつながったのだった。

日米間でこうしたやりとりが水面下で行われ、「革新的エネルギー・環境戦略」そのものの閣議決定までもが見送られた二〇一二年秋、外務省高官によると、オバマ政権から日本政府にこんな極秘のシグナルが発せられたという。

「日本の政権中枢はメルトダウンしているのではないか」

未曽有の原発事故を経験した後、一年半もの歳月を使って国民的な議論を行った結果が、この有様なのか。「原発ゼロ」を推進しながら、核燃サイクルを推進すれば、「プルトニウム大国」の抱える核物質の在庫量はさらに増えるではないか。核爆発の惨劇を経験した被爆／被ばく国として本来なら、もっと責任ある原子力政策を国際社会に示すべきではないのか。そもそも日本の政策立案能力自体、ほんとうに大丈夫なのか。ひょっとしたら、日本の政治ガバナンスそのものが機能不全に陥っているのではないのか――。

ワシントンから届いた「メルトダウン」のシグナルには、根源的な矛盾を抱えた「革新的エネルギー・環境戦略」を決定した野田政権に対する、こんな辛辣な批判と根深い疑念、そして率直な心配が込められていたのだった。

日本は悪しきモデルか――米政権中枢の疑念

「ウィーンの国際原子力機関（ＩＡＥＡ）に行くと、イランの外交官からいつも『米国は日本にはフリーパスを与えているくせに』と文句を言われるんだ」

オバマ政権で原子力・核不拡散政策を担当する国務省高官が二〇一三年春、来日した際にこう漏らしたことがある。これまで繰り返してきたように、日本は非核保有国で唯一、商業規模の核燃サイクルを推進している。「日米核同盟」が、日本のこんなユニークな地位の後ろ盾となっていることは、これまで説明した歴史的経緯から明らかだろう。しかし「３・11」以降、約四五トンものプルトニウム、すなわち核兵器五〇〇〇発分以上の核物質を持て余す日本のことを、核兵器開発が長年疑われてきたイランまでもがこう言い出すようになった。そのことに、米政府内の核不拡散政策担当者は頭を抱えている。

二〇〇三年に核開発疑惑が反体制派によって暴露されてからというもの、イラン政府高官は日本の外務省高官にたびたび「イランは日本のようになりたい」と言い続けてきた。その心はこうだ。「イランは核武装する気など毛頭ない。ただ原子力平和利用の分野で独自の燃料供給体制を確立し、先進国日本をモデルとした原子力大国を目指したい」

右に記した米国務省高官の発言も、「日本モデル」を目指すと公言するイランが、「どうして米国は日本のプルトニウム量産を放置しながら、イランの核計画にばかり制約を加えようとするのか」とクレームを申し立て、ワシントンの採用する「ダブルスタンダード」を問題視している実情を映し出している。

もちろん、一九八〇年代からパキスタンの「核開発の父」、A・Q・カーン博士が構築した「核の闇市場」を通じてウラン濃縮関連資機材を人知れず調達し、二〇〇三年の疑惑発覚まで核兵器関連の技術開発をひそかに進めてきたイランは、国際原子力機関(IAEA)の厳格な査察を受け続けてきた日本とはまったく違う。それでも、たまったまま一向に消費のめどが立たない日本のプルトニウムが現存する事実は、イランに言われるまでもなく重い。

「日米核同盟」に依拠した日本の平和利用計画が実は、「悪しきモデル」だったのではないのか。民生利用と言いながら、見通しの甘い計画立案や技術的に高いハードル、有事を想定できないビジネス文化などが相まって核燃サイクルが思い描いていたように回らず、結果的に大量のプルトニウムをため込まざるを得ない事態を招いている——。「原子力平和利用の模範に」と期待された「日本モデル」に対する、こうした深刻な疑念と危惧の念が盟主米国の政権中枢に芽生え始めている。

「韓国やイランにとって悪い前例になる。プルトニウム利用の見通しが立たない日本で使用済み核燃料の再処理工場を稼働すれば、プルトニウムの在庫量が増える。これは良いモデルではない」

二〇一三年四月、ワシントンを訪れた当時の原子力委員会委員長代理、鈴木達治郎はオバマ政権高官からこう直言されている。鈴木がこの訪米で面会したのは、これまで何度か登場したポネマン・エネルギー副長官や、核不拡散担当のトマス・カントリーマン国務次官補らだ。彼らは日本の原子力政策をめぐり多少の温度差はあるものの、現状のまま青森県六ケ所村の使用済み核燃料再処理工場を稼働すれば、国際社会で「深刻な問題」になるとの共通のメッセージを鈴木に託した。

その根底にあるのは、「日本が悪しきモデルになってはならない」という盟主の警告だった。

米の嫌う日本の再処理方式

日本が青森県六ケ所村にある日本原燃の再処理工場で採用している湿式再処理技術「ピューレックス」は、核兵器に転用可能なプルトニウムを単体として取り出すことが可能だ。原発から出てきた使用済み核燃料を燃料集合体のまま剪断し、硝酸につけ込む。硝酸によって溶解したプルトニウムと燃え残ったウランが回収される仕組みだ。

しかしこの再処理技術自体が、米国には悩みの種となっている。

「ピューレックスは好ましくない」。東日本大震災から一年後の二〇一二年三月に来日した当時の米エネルギー長官のスティーブン・チューは原子力委員長の近藤駿介らを前に、こうはっきり伝えている。ノーベル物理学賞も受賞した著名な科学者でもあるチューが問題視しているのは、硝酸を使った化学処理によって比較的簡単にプルトニウムが抽出できるピューレックスの特徴だった。

簡単にプルトニウムやウランが取り出せることは、これを使う側にしてみれば便利で技術的な利点と見ることができる。しかし見る立場を変えればどうだろうか。比較的容易にプルトニウムを抽出できるということは、核物質を簡単に入手できるという帰結につながる。核兵器をいまは持っていないが、民生利用の名目でピューレックスを自家薬籠中のものとすれば、それは潜在的な核保有国の誕生をも意味する。つまりピューレックスの利点を悪用すれば、核兵器開発も不可能ではなくなり、核拡散上の重大な脅威が国際社会に出現することになる。チューがピューレックスを嫌うのは、こうした核不拡散上の問題からだ。

チューはこの来日の直前、ソウルで開かれた第二回の「核セキュリティー・サミット」にオバマ大統領とともに出席した。核セキュリティー・サミットは、「核なき世界」を提唱したオバマの肝いりで作られた有志国首脳の集まりだ。全世界に点在するプルトニウムと高濃縮ウランの防護・保全強化を徹底し、核物質がテロリストの手に渡らないようにすることで、オバマが「冷戦後の最大の脅威」とみなす核テロの阻止を狙っている。二〇一〇年のワシントンでの初回サミットを皮切りに一二年にソウル、そして一四年にはオランダ・ハーグで第三回サミットが開かれた。

オバマの警告

なおハーグでの第三回会合では、出席した安倍晋三首相がオバマ大統領に対し、日本原子力研究開発機構（JAEA）が保有する研究用のプルトニウム約三〇〇キロと高濃縮ウラン約二〇〇キロを米国に返還することで合意した。米国は一九五三年一二月のアイゼンハワー大統領の「アトムズ・フォー・ピース」演説以来、「特別な関係」にある英国とも協力しながら、日本をはじめとする西側陣営に平和利用研究の目的でプルトニウムや高濃縮ウランを輸出した。核の民生利用を媒介とした同盟の結束強化が、その狙いの一つだった。

高速炉研究のために茨城県東海村に設けられた研究施設「高速炉臨界実験装置（FCA）」にも、米国と英国からプルトニウム、高濃縮ウランが移送され、JAEAが研究に使用してきた。ただ、核テロを強く警戒するオバマ政権は核セキュリティーの観点から、これら核物質の防護態勢を問題にし始め、日本側に返還を要求。しかも、重武装した防護兵がいるわけでもなく、米側には警備が手薄に映るFCAにあるプルトニウムと高濃縮ウランは、核兵器転用に適した「兵器級核物質」だった。そのため安倍政権としては米側の返還要求に応じざるを得なかった。

オバマは二〇一二年の第二回核セキュリティー・サミット出席のためソウルを訪れた際、大学で演説し「抽出されたプルトニウムを大量にため続けることはできない」と言明している。民生利用とはいえ、テロリストやいわゆる「ならず者国家」がプルトニウムを手中に収めれば、核爆発のリスクは一気に増大する。

こう考えるオバマは、核物質の防護・保全対策に国際世論の関心が集まるソウルでのサミットを機に、「プルトニウムをためるな」との強い警告を発信したのだ。原発依存度を低下させる日本に代わってアジアの原子力大国を目指す韓国は米国に対し、「日本並み」に再処理実施を自分たちにも認めるようオバマ政権に圧力を掛け続けている。原発促進のための再処理とはいえ、その技術は核拡散のリスクを高める危険な要素を包含している。オバマは再処理の「特権」を求める韓国を意識した上で、「ノー・モア・プルトニウム」をソウルで呼びかけた。そしてその鋭い警告の矛先は、韓国から海を隔てた同盟国日本にも向けられていることを忘れてはならない。

第6章

もう一つの神話
核燃サイクルと断ち切れぬ軛

青森県六ケ所村の使用済み核燃料再処理工場（2014年3月28日，共同通信社機から，共同）

「19兆円の請求書」

二〇〇四年春先のある未明、東京都渋谷区南平台にあるファミリーレストラン。残業を終えて夜な夜な集まった経済産業省資源エネルギー庁の若手官僚数人が、パワーポイントで資料作りに着手した。パソコンをにらみながら明け方を迎えようとする徹夜の作業は、今なお霞が関界隈で語り継がれる二五ページの文書の完成に至る。

「19兆円の請求書」(以下「請求書」とも表記)。こう命名されたパワーポイント資料の副題は「止まらない核燃料サイクル」。表紙をめくった最初のページには「現在日本の電気の約三割は原子力発電に依存」とあり、第四次中東戦争に端を発した一九七三年の第一次石油危機(オイルショック)、続く七九年の第二次石油危機を経て、原子力発電の総量が右肩上がりで堅調に推移してきた経緯がグラフで記されている。

さらにページをめくると、「核燃料サイクル構想の背景」とある。そこには、一九五四年に中曽根康弘衆院議員が原子力関連予算計上に動いた後、五六年策定の「原子力開発利用長期計画(長計)」で核燃サイクルの国策化が打ち出されて以降、以下のようなロジックで「夢のサイイクル」が正当化されていった背景が、簡潔かつ明快に説明されている。

①エネルギー源として石油から原子力への転換が進む→②だが、原子力発電の燃料となるウランの埋蔵量には限りがある→③そこで原発燃料をリサイクルする核燃料サイクル構想が浮上し、これが具体化される→④「準国産エネルギー」、「夢のエネルギー」としての原子力の位置づけ

前章で既に詳説した核燃料サイクルは、原発から出る使用済み核燃料を再処理することで燃え残ったウランを回収し、さらに炉内で燃料が燃焼される間に生成されたプルトニウムを抽出、それらを混合酸化物（MOX）燃料にして（1）全国各地の原発で再利用する「軽水炉サイクル（いわゆるプルサーマル）」、（2）高速増殖炉（FBR）で燃やす「高速増殖炉サイクル」——という二つの道筋を描いていた。

東京電力福島第一原発事故の直前、（1）については福島第一、玄海（佐賀、九州電力）、伊方（愛媛、四国電力）、そして高浜（福井、関西電力）の四つの原発でプルサーマル発電が始まっていた。経産省は事故がなければ、計一六～一八基の原発でプルサーマル発電を本格展開し、青森

県六ケ所村で使用済み核燃料の再処理事業を行いながら、核兵器転用可能なプルトニウムの需給バランスを保つ計画だった。二〇一一年三月以前に福島第一や玄海などでスタートしていたプルサーマル発電はそんな計画の嚆矢だったが、巨大原発事故が経産省や電力業界の当初の目算を完全に狂わせてしまった。

もう一方の(2)高速増殖炉サイクルだが、こちらは事態がより深刻で、今や風前の灯と表現してもいいだろう。高速増殖炉は燃やした以上のプルトニウムを生成することから、「夢の原子炉」と一時もてはやされた。

しかし、日本初の高速増殖炉「常陽」(茨城県大洗町、実験炉)の研究データを基に建造された国内二つ目の炉である「もんじゅ」(福井県敦賀市、原型炉)は一九九五年、冷却材であるナトリウムの漏えい・火災事故を起こした。それだけでなく、当時の運営母体である動力炉・核燃料開発事業団(動燃、現在の日本原子力研究開発機構)のお粗末な隠蔽行為が重なって、二〇一〇年まで稼働できない状態が続き、その後短期間動いたものの、別のミスで再び炉が停止した状態で「3・11」を迎えた。事故前は二〇五〇年をめどに高速増殖炉を商業化する青写真が国によって描かれていたが、原発事故後の日本の状況を鑑みれば、誰も「二〇五〇年の実用化」を信じることはできないだろう。

パワーポイント資料「19兆円の請求書」は、核燃料の利用効率の観点から(1)の軽水炉サイクルと(2)の高速増殖炉サイクルを比較しているが、机上計算に基づく両者の差は一目瞭然だ。「請求書」は(1)について「燃料の利用効率は一・一倍」とする一方、(2)の「利用効率は約六〇倍」としている。高速増殖炉が「夢の原子炉」と呼ばれる所以は、この核燃料の優秀な利用効率、つまり臨界に必要となる希少な核分裂性物資をより効果的に活用できる点にあり、「請求書」も「投入量の六〇倍のプルトニウムを回収」できると補足している。

資源小国の日本にとって、将来のエネルギー安全保障を考慮すると、高速増殖炉の商業化こそうってつけ――。いわゆる原子力ムラが、このように考えたのも無理はなかったのかもしれない。

ガラパゴス化

だが地球儀を俯瞰してみると、日本が長年、国策として掲げてきた高速増殖炉サイクルの実用化は決して視界良好ではない。「19兆円の請求書」も「欧米諸国は技術面、経済面の理由から高速増殖炉サイクル構想から相次いで撤退」と明記した上で、ドイツが一九九一年、米国が九四年にそれぞれ高速増殖炉計画を断念した経緯を指摘している。さらに、英国が九四年に研究炉の運転を終了し、計画そのものを断念したこと、またフランスも九七年、実証炉「スーパーフェニックス」の閉鎖を決めたことにも触れ、欧米諸国では高速増殖炉サイクルが完全に下火となっている実情を解説している。

確かに、もう一つの原子力大国ロシアは高速増殖炉「BN-600」を一九八〇年代から稼働させ、世界で唯一、高速増殖炉の実用化に成功しているものの、ロシアの動きが世界的なトレンドを反映しているわけでは決してない。そうした意味で、「請求書」が示唆するように、日本の高速増殖炉サイクル計画は東日本大震災前から「ガラパゴス化」していたと考えてもいいだろう。

もう一つの国策である軽水炉サイクルについても「19兆円の請求書」は、「欧米では経済的に見合わず、資源的にメリットも少ないことから、軽水炉サイクル(プルサーマル)を放棄し、〔使用済み核燃料を〕再処理せず直接処分へと移行する国が続出」していると説明している。

使用済み核燃料の再処理を断念し、地中に廃棄する「直接処分」への政策変更に踏み切った筆頭格は、言わずと知れた米国である。民生用名目でカナダと米国から輸入した原子炉と重水を使ってプルトニウムを生成したあげく、一九七四年に初の核実験に踏み切ったインドに米国は激怒し、平和利用を隠れ蓑とした核開発に衝撃を覚えた。そして将来起こり得る核拡散リスクに強い危惧の念を抱いた。

核実験当時のフォード政権は、民生用核技術を軍事転用する「悪しきモデル」をこれ以上認めてはならないと核不拡散政策の強化に動いた。さらに後継のカーター政権は、一九七七年に米国内での商業用再処理事業を無期限延期する新たな核不拡散方針を決定し、「第二のインド」を作ってはならないと、日本の悲願であった茨城県東海村の再処理施設稼働にまで「待った」を掛けてきた経緯については前章でも触れた。

「19兆円の請求書」はさらに、ドイツが一九九八年に軽水炉サイクルから直接処分に政策変更したことや、軽水炉サイクルを推進していたスウェーデンが直接処分路線を選択したこと、スイスも再処理計画を凍結したことに言及し、軽水炉サイクルに関しても地球規模で見ると、形勢が変わりつつある傾向を暗示してみせた。

鰻のぼりの事業コスト

「19兆円の請求書」という表題そのものにズバリ直結する話だが、青森県六ケ所村の再処理工場にかかる費用コストの問題も当然ばかにはできない。この点について「請求書」は、「軽水炉サイクルに欠かせない再処理工場の建設費用は鰻のぼりに膨らんでいる」と指摘している。

「請求書」の示す費用の上昇ぶりを具体的に言うと、構想がまとまった一九七九年時点の建設費用は六九〇〇億円、それが八九年三月には七六〇〇億円となり、それから七年後の九六年四月には、何と当初予算の二・五倍超となる一兆八八〇〇億円に。そして九九年には、ついに二兆円の大台を超え、今や当初見積もりの三倍を上回る二兆二〇〇〇億円にまで膨れあがっている。

再処理工場は「鰻のぼり」の建設費用に加え、稼働した場合には当然、巨大な運転費用が必要となる。四〇年近く工場を稼働した場合には随時メンテナンスも必要となり、保守・点検にかかるコストも想定しなくてはならない。

さらに問題なのは、再処理工場の閉鎖・廃止に絡む費用と手間だ。使用済み核燃料を再処理すれば当然、核物質や放射性物質によって設備は汚染される。「請求書」は、東電など大手一〇電力でつくる電気事業連合会(電事連)の試算をベースに総額「一九兆円」のコスト計算をまとめているが、工場全体の解体費用だけで一兆六〇〇〇億円が必要になると見積もっている。解体作業で出る放射能汚染された廃材やごみの始末も当然避けては通れず、最終処分場の選定と建設にはさらなる財政コスト、そして社会的コストが付随してくる。

建設費用が当初の三倍超となった事実を鑑みると、運転費用、保守・点検費用、廃止費用が最初の見積もりの範囲内に収まるかどうかも実に心もとない。「再処理工場建設費の前例（三倍）を見れば、総額で五〇兆円を超えることも！」と警鐘を鳴らす「19兆円の請求書」。その訴えをあながち杞憂と片付けるわけにはいくまい。そして何より付言しておかなくてはならないのは、これらのコストは「総括原価方式」によって電気の消費者である市民一人ひとりの負担で賄われるという紛れもない真実である。

やめられない止まらない

技術的なトラブルなどから、六ケ所村の再処理工場の完成はこれまで二〇回も延期されてきた。「3・11」後の原子力施設に対する耐震基準の厳格化により、再処理工場が将来、追加的な耐震補強工事を迫られ、建設費用がさらに膨らむシナリオも決して排除できない。

一市民には想像もつかないような巨費を投じながら、果たして、再処理を軸とした軽水炉サイクルに固執する必要があるのだろうか。そもそも、これほどの巨額コストを投じるに足るメリットが軽水炉サイクルに存在したのだろうか。仮にそうでなければ、なぜこの巨大国家プロジェクトを続ける必要と意義があるのだろうか――。こんな素朴な問いに、「19兆円の請求書」はあっけない「解」を提示している。パワーポイントにある文言をそのまま以下に転載する。

やめられない止まらない――国の事情――

行政の無謬性へのこだわり

――今まで核燃料サイクルを推進してきたことが時代遅れとなったという政策の誤りを認められない

行政訴訟の危機

――政策変更すれば、電力会社から再処理工場建設費の二兆円の損害賠償請求が起きる

電力会社は国策にしたがって再処理工場を建設してきたんだ！

国民的スナックの代名詞、カルビーの「かっぱえびせん」ではないが、一度触手を伸ばし、事業にのめり込んだ以上、簡単に止めることはできない。特に六ケ所村での再処理事業は、当時の青森県の北村正哉知事が一九八五年に正式受け入れを決めてから二〇年越しの大型国家プロジェクトであり、いざ事業を中断するとなると、地元への政治的、経済的、社会的影響は計り知れない。

病理の根底にある官僚の独善

また、事業に巨額投資をしてきた事業運営主体の日本原燃、さらにその後見役である大手電力会社と電事連も黙ってはいないだろう。これまでの投資が無駄になったとして国を訴えるであろうし、そうなれば破綻事業の政治的、社会的責任を政府内で誰かが取らなければならなくなる。事業失敗の原因も国会やマスコミによって究明され、場合によっては、言葉は悪いが「犯人捜し」が始まらざるを得ない。そうした事態は、世のエリートとして公共政策の立案に携わり、「わが行く道こそが是」として国策を引っ張ってきた霞が関の官僚にとって最悪のシナリオであり、耐え難い屈辱でもある。

だからこそ、欧米諸国が既に「ウランは当初考えていた以上に大量に埋蔵されているので、使用済み核燃料再処理事業はもはや経済性に見合わない」として再処理撤退に踏み切った後も、日本は時代遅れの国家プロジェクトにしがみつき続けてきた。たとえ事業の先行きに暗雲が垂れ込めていたとしても。そして時間の経過とともに投資額が増えれば増えるほど、事業完遂を目指してきた利害関係者への心理的プレッシャーが高まり、ますます後に引けなくなってしまう。

半ば中毒症状と診断されても仕方のない不可逆的で独善的なメンタリティーが、巨大国家プロジェクトの病理の根底にあるのではないか。「19兆円の請求書」はまさに、こんな「やめられない止まらない」の構図を明敏にあぶり出している。

二〇〇四年に原子力政策を担当する若手経産官僚が書き上げたこのパワーポイント資料は、核燃サイクルがいつの間にか、いかなる条件やコストを伴おうとも必ず成功させなくてはならない「絶対完遂型」の国家事業と化していった核心的な要素を見事に射抜いている。そしてそこには、東日本大震災前に「日本の原発は絶対に過酷事故を起こさない」と流布され続けた「原子力安全神話」に重なる虚構性と神話性が垣間見られる。

幻の再処理撤退論

国民の血税をもって営まれる公の政策とは元来、国内外の諸事情を取り巻く時代状況やその時々の国民のニーズや世論の動向に鑑みて適宜、評価や見直しが行われ、時には大胆な修正や変更が加えられなければならない。公共政策とは生来〝生き物〟であり、「立案→決定→執行→評価→再立案→決定→執行……」という循環を繰り返しながら、公共の福祉を最大化するための「より良き政策」が実現されなければならない。

しかし一九五六年、日本初の原子力政策「原子力開発利用長期計画(長計)」に核燃料サイクルの概念が登場して以来、日本の産官学の「原子力トライアングル」が猛烈に推進してきた核燃サイクルは、こうした政策過程論のセオリーから乖離した、あまりにも硬直的で融通の利かない国策であり続けた。そのことは、技術的問題などから二〇回もの完成延期を繰り返し、当初見積もりの三倍にまで建設費用が膨らんだ六ケ所村の再処理工場、さらに今や完全な行き詰まりを見せている高速増殖炉計画の実態を顧みると、火を見るよりも明らかだろう。

そんな核燃サイクルだが、実は「撤退論」が官と産の間でひそかに議論されたことがある。これまで詳述してきた「19兆円の請求書」をめぐる二〇〇四年の経産省内の議論もその一つだが、その二年前にも撤退の是非が関係者によって論じられている。

私は共同通信の原子力報道室の若手記者とチームを組んで二〇一三年七月から一四年三月までの間、「もう一つの神話　核燃サイクルの幻影」と題した調査報道をベースとする企画連載記事を執筆・配信した。共同通信に加盟する全国の地方紙が一〇紙以上、この企画記事を掲載してくれたが、一年近い取材プロセスの中で最も鮮烈な印象と新鮮な驚きを味わったのが、東京電力元社長の南直哉に行った二〇一三年八月一三日のインタビューだった。

南は三時間に及ぶ長いやりとりの最終盤で、核燃サイクルをめぐるある秘話を明かしてくれた。その秘話は私にとってもちろん初耳であり、息を呑みながら彼の話に聞き入り、質問を続けたのを記憶している。以下にそのインタビューに基づく配信記事（二〇一三年九月二一日付朝刊用）の抜粋を転載する。

◎経産、再処理中止を打診　「ひきょう」と元東電社長

「六ケ所をやめさせろ、大間も造らせないと東電が言えと〔経済産業省が〕言ってきた。それになびく者も社内にいた」

東京電力福島第一原発事故から二年半。沈黙を保ってきた元東電トップが重い口を開き、核燃料サイクル政策をめぐる秘話を語り始めた。

一九九九年から二〇〇二年まで東電社長を務め、福島の事故時は同社顧問だった南直哉。インタビューに応じた南は社長時代、経産省が再処理事業の中止を水面下で打診してきたことを明かし、社内の「限られたトップ」だけで協議の場を持ったと証言した。

「六ケ所」とは青森県六ケ所村にある使用済み核燃料再処理工場で、東電などが出資した日本原燃が運営している。また「大間」は、同県大間町で電源開発（Ｊパワー）が建設する軽水炉。世界で初めて全炉心でプルトニウム・ウラン混合酸化物（ＭＯＸ）燃料を使う「フルＭＯＸ」を目指している。

南によると、これらの施設に経産省は「待った」をかけようとし、東電幹部の中には説き伏せられた者もいた。

「〔経産省は再処理を〕やめる気はあったが、自らは言い出せない、あるいは言いたくないから、電力会社に言わせようとした」

しかし、南はこれをはねつけた。「それは絶対やっちゃいかん。国際的な条約をたくさん結び、世界中から約束を取り付けてやってきたのに『都合でやめます』なんて私はとても言えなかった」と振り返る。六ケ所村での再処理事業は、八八年発効の日米原子力協定を土台にしていた。フランスの再処理事業者などとの国際的な提携関係もあった。

「国策民営」の象徴である再処理事業を背負わされた「民」トップの南には、事業中止を言い出した「官」の主張は筋が通らなかった。

「国策として、あるいは〔新たな〕法律で決まったことによって、再処理をやめざるを得なくなるのなら仕方がない。それをやるのは役所の方でしょ、それを東電にやれと……」。事業中止を自ら切り出せず「民」に責任を押しつけようとした「官」のやり方を「一番ひきょうだ」と南は憤る。

だが、なぜ経産省は事業中止を東電に打診したのか——。再処理事業に否定的だった当時の経産省事務次官、村田成二の意向が働いていたと南は確信する。村田は沈黙を守り真相は謎だが、背景には経産省や原子力ムラを巻き込んだ長い暗闘の歴史があった。(共同通信編集委員　太田昌克　敬称略)

沈黙の次官

この記事にあるように、南は社長時代に経産省サイドから「再処理撤退」を打診されている。南によると、それは当時の政府中枢から直接、南にあったものではなかった。課長ないしは課長補佐クラスの実務レベルのやり取りが、最終的に時の東電トップだった南にまでボトムアップで上がってきた案件だった。これを受けて南は「限られたトップ」だけの極秘幹部会を招集、経産側が打診してきた再処理事業の撤退オプションを議論した。

もともと再処理・核燃事業は国策だ。それに依拠した「国策民営」のスタイルで事業経営を進めてきた東電にしてみれば、それまで巨額の投資を行い、しかも海外の企業とも契約関係を結んだ揚げ句、再処理事業の実現性に不安を覚え始めた役所の一存で撤退を言い出されるのは、あまりにも身勝手すぎる。民の立場からすると、「上から目線」さながらに撤退を仕向ける官のやり方は筋違いであり、まず国会の場で議論して国策を正すのが、本来取るべき道筋ではないのか。にもかかわらず、課長程度の低いレベルで再処理撤退という非常に重要な選択肢を打診してきて、あとは「東電さんのご判断にお任せしたい」では虫が良すぎないか。裏口を使うかのような、そうしたやり方は邪道であり、ひきょうではないか――。

南の言わんとするところをこう受けとめた私は、この主張に一理あると内心思った。

南の社長在任時期と、記事に出てくる村田成二の経産事務次官としての在任時期が重なるのは、二〇〇二年七月末から同年秋までの期間だ。従って、南が明かした秘話はこの頃の出来事とみられる。当時の事情を知る経産省関係者は「村田が次官になる直前に経産と東電で『六ケ所をやめられるか、どうか』との議論があった」と証言しており、南の耳に撤退オプションの話が伝わったのは、村田が次官に就任する〇二年七月三〇日の前後だった可能性が高い。経産官僚のトップに村田が就くという脈絡の中で、再処理撤退を視野に入れた経産首脳部の意向が南に伝わったと考えていいのではないか。

南の証言をさらに深掘りしたいと考えた私は村田元経産次官に手紙を書き、取材をお願いしたが、二〇一三年九月、「大変申し訳ないのですが、現在、私は、今までの経験から、自分が関わりを持った政策乃至行政に関し、対外的に発言をすることを一切控えております」との返事がメールで届いた。

「3・11」を受けて政策見直しが急務のはずの核燃サイクルについて、経産省退任後もかたくなに沈黙を保つ村田。一方、彼に仕えた経産省関係者を取材すると、南の証言を裏打ちするかのように、青森での再処理事業にきわめて懐疑的だった経産次官村田の姿が浮かび上がる。ある経産省当局者は取材にこう述べている。

「村田は『一〇年に一度の次官』と呼ばれた人物。政治家にこびないことで知られる。だから彼の背後に政治家がいたとは思えない。村田は一九九〇年代初め、資源エネルギー庁公益事業部計画課長だった頃、原子力産業課の幹部と『六ケ所を止めよう』という話をしていた。米国でスリーマイルアイランドの事故があり、ソ連ではチェルノブイリ原発事故もあった。しかもウランの価格は安定していた。当時は原子力ルネサンスなんて考えられない時代だった」

村田自身が再処理に対しきわめて慎重、と言うよりむしろ後ろ向きで、霞が関の政策立案に確固たる影響力を行使できる課長時代の一九九〇年代から核燃サイクルの見直しを構想していたことがわかる。村田のこうした再処理否定路線の後景には、一九七〇年代末から八〇年代に起きた原子力大国での相次ぐ原発過酷事故、その余波を受けた原発需要の先行き不透明感、さらに核燃サイクルの必要度を低減させるウラン市場価格の安定といった諸現象が映し出される。

ここまで詳述してきたパワーポイント資料「19兆円の請求書」を突破口に、核燃サイクル見直しへ向けた政策論議を惹起しようとした経産省若手官僚の〝決起〟も、資料作成当時の経産官僚トップが村田本人だったという事実が大きな導因となっていたようだ。

告発の背景

「電力業界も役人も、六ケ所がうまく行くなんて誰も思っていなかった。電力側は『国がやれと言うから』と言い張り、役所は『電力がやりたいと言うから』と反論する。〔使用済み核燃料を使った〕アクティブ試験によって再処理工場を汚染する前に、一度立ち止まって考える必要があると思い、『19兆円の請求書』を作り、議員やメディアを回った。一部新聞は書いてくれたが、テレビはだめだった。そしてある新聞社からこの資料が電事連サイドに渡り、電事連から経産省に。役所の中で『誰が作ったんだ！』という話になった」

「一九兆円ものコストを引き受けるなら、国民的議論をやった上でやればいい。だが、その議論すらなかった。やるのなら国民的議論が必要だった。しかし、それまでの議論はクローズド(閉鎖的)なもので、政府と電力だけの議論だった。そして何か問題が起こると、両者が責任をなすりつけ合うが、最後のとどめは互いに刺さない。つまり再処理は『やめられない止まらない』だった」

「二〇〇三年以降、役所の中からも『六ケ所をほんとうに動かすのか』『動かすと、やばいのでは……』との声が出始めた。電力業界の人間からも『あんなもの動かすことはできない』『動かすと大きな金がかかる』『国が止めろと言えば止める』との話を耳にするようになった。電力には『再処理事業は国に押しつけられた』との思いがある。だから『国策の転換があれば止める』との姿勢。電力にはそうした被害者意識があった。民間が再処理をやると言ったのは、一九七八年に国会で平岩外四が『商業再処理は是非民間でやらせてください』と答弁した一回だけだ。民間は『国が止めろと言えば止めます』。国は『いや、お前らから止めると先に言え』。まさにババ抜きだった」

私は二〇一二～一三年にかけて、パワーポイント資料「19兆円の請求書」を二〇〇四年に作成した複数の経産省関係者をインタビューする機会に恵まれた。いずれも匿名が条件の取材であるため、実名を出せない。うち一人はこの資料の作成後、しばらくして経産省を退官している。右に記したのは、複数回にわたるインタビューで集めた彼らの証言である。

これらの証言にあるように、霞が関・永田町界隈で大きな物議を醸すことになる「19兆円の請求書」は、六ケ所村で劣化ウランや使用済み核燃料を実際に使う稼働試験がいよいよ行われようとする間際になって作成された。その動機は、右記の証言が物語るように、作成者である経産省資源エネルギー庁の若手官僚が抱いた強い危機感に他ならなかった。そして、危機感に駆られた彼らが〝内部告発〟という大胆な行動に及んだ直接的理由は、総額一九兆円もの巨費が使われようとしているのに、当該巨大プロジェクトそのものの是非をめぐる国民的議論がまったく行われていないとの一点に尽きた。

しかも、長期的なコスト負担を強いられる一般市民を巻き込んだ議論がないだけでなく、再処理事業の実施そのものについて、電力業界からも役所の中からも「ほんとうに動かして大丈夫か」といった実におぼつかない懐疑的な声が出始めるようになった。再処理事業の完遂に自信のない国と電力が譲り合うように、事業撤退を先に切り出すよう相手に水を向けるが、責任逃れと自己保身の論理から、双方ともに自ら決断を下せないまま互いがにらみ合う格好。それが結局のところ「やめられない止まらない」、あるいは「ババ抜き」のような帰結を招来してしまった。

厳しい現実に直面することを恐れ、そこから逃避を図ろうとする虚構性と、当たり前のコスト感覚が働かない浮世離れした神話性。原子力安全神話を作り上げてきた原子力ムラの病理が、核燃サイクルをめぐる議論の経過にも散見できる。

平岩外四の訴えた門戸開放

なお前項に記した、「19兆円の請求書」作成者の最後のコメントにある平岩外四の一九七八年の国会における答弁とは、同年五月三一日の衆議院科学技術振興対策特別委員会で東電社長だった平岩が行った以下の発言だ。

「もとより再処理事業というのは、国際的な面も配慮しつつ官民挙げてのコンセンサスのもとでこれを効率的に推進しなければならないものだと考えております。従いまして、現在ご審議中の規制法を改正していただき、動燃事業団並びに原研しか行えないようになっております再処理事業を民間にも門戸を開放していただき、その事業化を推進いたしたいと考えておる次第でございます」

当時の原子炉等規制法では、再処理事業が行えるのは動力炉・核燃料開発事業団（動燃）や日本原子力研究所（原研）といった国の関連機関だけだった。平岩は動燃の開発した技術も活用しながら、民間の電力会社にも再処理事業の門戸を開放するよう法改正を国会で訴えた。

平岩はさらに、「事業効率上から見ましても民営とすることが望ましい。また発電所で抽出、排出した使用済み核燃料をみずからの処理で行うということは当然のこと」と言明し、再処理事業に乗り出す民間の覚悟のほどを代弁してみせた。その結果、原子炉等規制法の改正が実現し、大手電力会社は再処理事業の実施主体を設立、それが今の日本原燃であり、青森県六ケ所村に再処理工場が建設される現在に至る。

平岩の国会での参考人答弁だけに目をやると、民間での再処理事業は、電力側の国会陳情が実を結び、晴れて法的に可能になったかのような単純な印象を受けがちだ。だがその根底には、一九五六年の「原子力開発利用長期計画（長計）」に初めて登場して以来、一貫して確固たる国策であり続けた核燃サイクルの存在があり、そこに立脚しながら各電力会社が原発事業を拡大させてきたという動かしがたい事実がある。

また原子炉等規制法の下では、電力会社は使用済み核燃料を再処理する計画を明示しなければ、新しい炉の建設許可を得ることもままならない。だから電力会社は炉の新設許可を役所に申し立てる際、国内か国外のいずれかで再処理を行うことで「核のごみ」にめどをつける方針を示してきた。その仕組みは「3・11」を経験した現在も基本的に変わっていない。

こうした長年の経緯や法制度を鑑みると、民の側に「再処理を自ら行わざるを得ないよう官に仕向けられた」との思いが生まれるのも無理はなく、「まずは国策を変更すべき」との主張につながる。再処理をめぐる官民の抜き差しならぬ関係——。その根は深い。

決起失敗

前項で紹介した「19兆円の請求書」作成者の証言にもあるように、彼らの目指した再処理事業をめぐる国民的議論は結局実現せず、その志は道半ばに終わった。経産省資源エネルギー庁の若手官僚はこのパワーポイント資料を起爆剤に、幅広い政策論議を巻き起こすことを狙い、仮に再処理路線を継続するなら、国民の理解と覚悟をもって事業を前に進めるべきと考えていた。

そうした公論の必要性に理解を示す上司も存在した。彼らは、自分たちが当時所属した資源エネルギー庁電力・ガス事業部の一部幹部もその動きを暗に認めていたと指摘する。また、核燃サイクルにかねて懐疑的な村田がトップだったという省内政治情勢も、「巨大事業の可否は公論に決すべき」と考えた彼らの背中を押した。

しかし先の証言にもあるように、マスコミの論説委員クラスに説明されたパワーポイント資料はそのうち電力業界の手にも渡ることとなり、これを問題視した電事連の突き上げをくらった経産省は、資料作成者を割り出す「犯人捜し」を始める。六ケ所村の再処理工場を抱える青森県も、核燃サイクルを二人三脚で進めてきた経産省という身内から〝反逆者〟が出たことに憤慨し、経産省幹部に釈明を求める騒ぎとなった。

再処理工場を汚染するウランを使った稼働試験の前に「一度立ち止まって再処理の是非そのものを議論する」という若手官僚の所期の目論見はついえ、パワーポイントという現代的なツールを使った政策空間での決起は無残にも失敗に終わった。電事連と青森県の怒りが噴出して間もなく、経産事務次官の村田が退任したことも核燃サイクル見直しの機運を大きくそぐ結果となった。

「なぜ再処理をやめられないのか。日本原燃が既に二兆円もの建設費をつぎ込んでしまったことがある。それに日本原燃が経産幹部の天下りさきになっていたという実情もある」

決起に敗れた一人は取材にこう語っている。

無数のステークホルダー

彼はまた、核燃サイクルの虚構性と神話性が永らえる理由をこうも分析してみせた。

「原子力というのは多くのステークホルダー（利害関係者）が絡むとても大きな話だ。すべてを到底見聞きできず、自分の見聞きした範囲でしか政策が実行できない。だから政策担当者が萎縮する。さらに無謬性が働く。そして〔官僚にも政治家にも政策全体の是非を超然と見きわめる〕俯瞰力がない」

半世紀以上もの間、国策であり続ける核燃サイクルは、経産省に加え、文部科学省、内閣府原子力委員会といった複数省庁が関わる巨大プロジェクトだ。民間の利害関係者としては、多くの電力会社や原子炉メーカー、プラントメーカーなどが挙げられる。さらに核燃サイクル技術を研究する官民の研究機関と大学、そこにぶら下がる多数の研究者がいる。

立地自治体はもちろん重要なプレイヤーで、市町村議会、県議会、国会に議席を持つ原子力族議員といった「政のプロ」も絡んでくる。原発ゼロを目指す反原発・脱原発勢力の存在も無視できないし、何より総括原価方式で原子力発電のコストを払い続ける消費者のことを忘れてはならない。まさに「ステークホルダー」が無数に存在し、それだけの数の利害と思惑が交錯する。

私自身、核燃サイクル問題を取材しながら、こう自問することが少なくない。多種多様な利害関係者が随所に存在する、この巨大国家プロジェクトの全体像をほんとうに俯瞰し、その問題点を明敏に解析した上で、正しい選択肢を提示できる人物が果たして日本国内に何人存在するのか、と。

「原子力ムラ」とお決まりの呼称を使うには、あまりに広範囲で重層的、さらに複雑怪奇な人間・社会的要素が絡む核燃サイクル。その錯綜した構造ゆえに真理を見通す際に死角が作られ、その根源的な病理を診断し、正しい未来への処方箋を描く作業が困難をきわめ続けているのかもしれない。

インドと再処理

核燃サイクルという「国策の揺らぎ」をここまで論じてきたが、前章でも強調したように、サイクルの中核である再処理事業は米国が日本に認めた「特権」と言っていい。

核超大国であると同時に原子力先進国の米国は数多くの国と原子力協力協定を結んできたが、自分たちが輸出した濃縮ウランや核燃料の再処理、あるいは米国の資機材を使った原子炉から出る使用済み核燃料の再処理を容認しているのは、欧州原子力共同体(ユーラトム)加盟国を除くと、インドと日本だけだ。米国が再処理を限定的にしか認めていないのは、再処理が兵器転用可能な核分裂性物質プルトニウムを生成する技術であるからに他ならない。

核拡散防止条約(NPT)未加盟の核保有国であるインドに対しては、二〇〇〇年代に政権を担当したジョージ・W・ブッシュ(子)政権がそれまでの歴代政権の政策を大きく転換した。民生用原子力技術を悪用する格好で、一九七四年に核実験を実施したインドは長年、原子力の世界で「二等市民」の扱いを受けてきた。欧米諸国や日本など原子力輸出国からなる「原子力供給国グループ(NSG)」が、NPTに加盟せず国際原子力機関(IAEA)の包括的な保障措置(査察)を受けないインドへの原子力関連輸出を長らく禁じてきたからだ。

そもそもNSGは一九七四年のインドの核実験を受け創設されている。法的拘束力の伴わない紳士同盟とはいえ、「第二のインド」を作らないための原子力輸出規制強化の国際レジームで、今も国際的な核不拡散体制を支える重要な有志国連合だ。

だが、中国の軍事的台頭を意識したブッシュ政権はインドとの関係強化を促進、その一環として、NSGによる対印原子力禁輸の解除を提唱し始めた。それは、それまでNSGが「二等市民」扱いしていたインドを「普通の市民」にしようとする外交的な取り組みであると同時に、大規模な経済成長が見込まれるインドへの原発売り込みを目論む米産業界の意を体した動きだった。

被爆国の日本をはじめ、核軍縮と核不拡散を重視する一部NSG加盟国は当初、米国が主導したこの政策変更に強く難色を示した。だがブッシュ政権の強い外交圧力を受けて結局、日本も譲歩、コンセンサス方式による政策決定を基本とするNSGは二〇〇八年、インドへの原子力輸出を解禁した。米国はその後、インドと二国間原子力協定を結び、IAEAの保障措置下にあるインド国内の施設で再処理を行うことを認めた経緯がある。

インドは米国以外にも、原子力大手企業を抱えるフランス、ロシア、英国、カナダなどと次々に二国間原子力協定を締結した。そして東芝、三菱重工業、日立といった原発メーカーを擁する日本との早期協定締結を求めている。東芝は米原子力大手ウェスチングハウス・エレクトリック(WH)を買収し、三菱重工業はフランスの原子力大手アレバ、日立製作所は米大手ゼネラル・エレクトリック(GE)とそれぞれ提携関係にある。

そのためインドは日本とも協定を結ぶことで、日米仏の原子力輸出大国がそろってインド市場へ参入するシナリオの実現を狙う。特に北海道室蘭市にある日本製鋼所室蘭製作所が作る、技術的精度の高い原子炉圧力容器の納入に強い関心があり、二〇一〇年に日本とも二国間協定交渉をスタートさせた経緯がある。その後、一一年の東日本大震災を受けて日印交渉は停滞したが、「アベノミクス」に基づく成長戦略の一角として原発輸出を推進する安倍晋三政権下で交渉が再度本格化した。

だが被爆国日本がNPT未加盟の核保有国インドと原子力協定を結ぶことには、日本の市民の間に抵抗感が強い。そのため日本政府は、一九九八年を最後に核実験をしていないインドが仮に実験を再開した場合、協定を破棄する規定を協定ないしは付属文書に盛り込みたい考えだ。ただインドは米国との協定でも「核実験再開=協定破棄」を明示的に認める条項を設けておらず、日印双方が折り合える形でこの問題を解決するには外交上の知恵が必要だ。

被爆国は核保有国に再処理を認めるのか

　またインドは米国同様、日本との協定で、インドが自由に再処理できることを保証する規定の明記を求めている。実は核実験問題よりも、こちらの方が、協定を結ぶ上でより本質的で厄介な問題なのかもしれない。

　仮に日本が、日本製の原発から出る使用済み核燃料の再処理をインドに認めたらどうなるか。インドは再処理で取り出したプルトニウムを、ＩＡＥＡの査察下にある原発でしか利用できない。それでも日本や米国との協定で再処理が自由にできるようになり、大量のプルトニウムを保有するようになれば、もともとインド国内であまり採れない希少なウランを兵器開発に集中投下できる余地がでてくる。それは国際的に核軍縮を推進する日本の非核の精神とは合致しない。

　また、たとえインドがそうした核軍拡の動きを取らなくても、インドが大量にプルトニウムをため込むことは、もう一つのＮＰＴ未加盟の核保有国パキスタンの猜疑心と疑念を深めることにつながりかねない。インドのプルトニウム蓄積を横目にパキスタンが核軍拡に走る危険性はゼロでなく、そうなれば、インドも核軍拡に呼応する恐れがある。それは、地球儀を見回して最も核戦争のリスクが高いとされる南西アジアにおける核危機の潜在性を一気に増大させることになる。

本項執筆中の二〇一四年夏の段階で、日印原子力協定交渉はいまだ妥結に至っていない。交渉関係筋によると、その最大の障害は、日本がインドに再処理を認めるか否かという問題にある。

生殺与奪の権

日本が再処理実施の「特権」を確実なものにしたのは、米国との長い交渉の末に二国間原子力協定を改定し、米国連邦議会のお墨付きを得て同協定を発効させた一九八八年だ。それまでの旧日米原子力協定(六八年発効、七三年一部改正)下では、日本の再処理事業はケース・バイ・ケースのアプローチが取られていた。つまり、日本が使用済み核燃料の再処理を行おうとするたびに、米政府にお伺いを立てた上、米議会がこれに異議を唱えなかったら初めて再処理を実施できるという面倒な仕組みだった。

言ってみれば、個々の事業の可否は米国の「個別同意」にかかっていた。だから米側が「ノー」と言い出したら、使用済み核燃料の再処理ができない、つまり国策である核燃サイクルが頓挫しかねない状況にあった。「日米核同盟」の盟主米国が、いわば生殺与奪の権を握っていたわけだ。実際、米国がこの伝家の宝刀を抜きそうになったことがあった。

「軽水炉の使用済み核燃料の再処理は必要ないと考える。米国では一〇億ドルを投入して再処理工場を建設したが、米国自体、自制し使用しない考えである。（中略）日本を絶対に信頼するが、やはり核拡散を防止するには再処理規制には各国に喜んで参加してもらわなければならない」（駐米大使発公電1299号「総理訪米第二回首脳会談　一九七七年三月二三日」外務省開示文書）

一九七七年三月二二日、二カ月前にホワイトハウスの新たな主になったばかりの米大統領、ジミー・カーターは、訪米した首相の福田赳夫にこう直言した。

これまでも触れたように、米海軍の原子力潜水艦の開発計画にも携わったカーターは、一九七四年のインドによる核実験を教訓に、核不拡散の強化を推し進めた大統領として知られる。大統領晩年の七九年にはメルトダウンを起こしたスリーマイルアイランド原発事故にも直面するなど、核との因縁が非常に深いカーターは政権の座に就いて間もない七七年四月、新たな核不拡散策政策を公表している。その骨子は①商業用再処理とプルトニウムを使う核燃料サイクルの無期限延期、②高速増殖炉の開発計画変更と商業化の延期、③濃縮、再処理施設・技術の輸出禁止、④国際的な核燃料サイクル評価の実施――だった(遠藤哲也『日米原子力協定〈一九八八年〉の成立経緯と今後の問題点』日本国際問題研究所、二〇一〇年、七―八頁)。

「生死」の問題

日本にたちまち火の粉が降りかかったのは、①に関する問題だった。日本では当時、核燃サイクル開発の主軸だった動燃が茨城県東海村で再処理工場の完工を急いでおり、日本国内でいよいよ使用済み核燃料の再処理事業が始まろうとしていたからだ。右記したカーターの福田に対する発言も、カーターの進める核不拡散強化政策、すなわち再処理を軸とした核燃サイクル技術の拡散阻止の方針を強く反映したものだった。

米国内でも当時、商業用の民間再処理事業が進められていたが、カーター政権はこれをストップさせ、日本にも同様の措置を取るよう福田に迫った。これに対し福田は「六、七月ごろ(東海村の再処理)工場が実験稼働できる。この問題が現在日本の最大の課題であり、自分の最も心配するところだ」と反論、日本の核燃サイクル推進で一歩も譲らない構えを見せた。

首相になる前の大蔵大臣(現在の財務大臣)時代、第一次石油危機後の経済混乱収拾に奔走した福田は日本にとって再処理が不可欠と確信し、エネルギー安全保障の観点から核燃サイクルを推進した。

「福田赳夫首相はこの問題を『生死』に関わる問題だと公言している」

一九七七年七月三一日付のサイラス・バンス国務長官のカーター大統領宛てメモは、東海再処理工場稼働へ向けた福田の固い意志を「生死」という言葉に刻んでいる。再処理実現にかける福田の覚悟も相当なものがあった。

それでもカーターは一歩も引かなかった。一九七七年三月二二日の日米首脳会談でも「〈コストのかかる〉再処理は不用で経済的にも無駄」と言い切り、福田に翻意を重ねて促した。片や、福田も「日本は平和国家を国是としている」と述べ「大統領の核兵器廃絶についての考え方への賛意」まで表明した上で、天然資源に乏しくエネルギー安全保障の確立が困難な同盟国日本を特別扱いするよう求めて粘った。しかし「日米核同盟」の盟主米国は最後まで頑なだった。そのため、この時の日米頂上会談は事実上、物別れに終わっている。

プルサーマルも認めない

「カーター大統領は米国内にある商業用の再処理施設を停止させた。そのため『米国内の施設を止めているのに、米国産核燃料の再処理を東海村で認めるのはいかがなものか』との議論が巻き起こった」

当時、カーター政権下の国務省で対日交渉を担当した核専門家、ローレンス・シャインマンはインタビューにこう語り、米国内での商業用再処理事業の無期限延期を決めたカーターが、同盟国の日本にまで再処理断念を求めた背景を解説してくれた。

双方の隔たりが鮮明になった一九七七年三月の「福田－カーター会談」を受け、シャインマンら両国の実務者は以降、日米間の妥協点を何とか見出そうと、「東海再処理交渉」に着手する。しかし、早期交渉妥結による東海再処理工場の即時稼働を目指す日本の思惑とは裏腹に、米側はさらなる難題を突きつけてきた。

日本の外交文書には、同年八月三〇日の東京での大詰めを迎えた東海再処理交渉で、米政府交渉団がこう日本側に力説したことが記されている。

「〔軽水炉でのプルトニウム利用に関する〕研究は、米国がいちばん進んでいるが、経済性はさほどないとの結論を出している。商業化には時期尚早であるとの日本側の立場と米側の主張はさほど差がないはずである。経済性があるということになると、軽水炉が一つか二つあれば、そのための再処理が正当化されることになり、これは米国にとり困る。長期的に、かつ大規模に実施した場合の経済性まで問題にしているわけではなく、当面プルトニウムが経済的な燃料でないと言ってほしいのである」（外務省開示文書「日米原子力交渉　第二日目午前の討議の概要」一九七七年八月三〇日）

驚いたことに米側は、使用済み核燃料の再処理で取り出したプルトニウムをウランとのMOX燃料にして軽水炉で使うプルサーマルにも難色を示していたのだ。どうしてカーター政権がプルサーマルを嫌ったのか。その理由は、核開発にも転用可能な再処理を「悪」とみなすカーター政権の論理を知れば容易に理解できる。

平和利用名目で再処理を進めたあげく、核実験に踏み切った「インドの再来」を恐れるカーター政権はとにかく商業用再処理の芽を摘みたい。それなのに軽水炉でプルトニウムを利用するプルサーマルが世界各地に広まると、プルトニウム需要が高まり、再処理事業のニーズも必然的に増大せざるを得ない。だから、一国であってもプルサーマルを安易に認めてしまうと、軽水炉を使う西側諸国やこれから軽水炉を導入しようという発展途上国も「ウランの効率的利用」を大義にプルサーマルを促進しかねない。そうなると、再処理事業の規模が世界的に拡大し、軍事転用できる機微技術が世界に広がる「プルサーマル・再処理ドミノ現象」を引き起こしてしまう――。

カーターは日本に認めたプルサーマルが「アリの一穴」となって、再処理技術が世界中に拡散することを恐れた。そのため、少なくとも当面は「プルトニウムが経済的な燃料でない」と国際社会で公言するよう日本に求め、新たな核拡散の温床を絶とうとしたのだった。

潮目の変化

右に記した米政府交渉団の主張の中に、プルトニウム利用の「経済性はさほどないとの結論を出している」とのくだりが出てきた。これは、一九七〇年代に米フォード財団の主宰で進められた、ある学術研究から引き出された結論のことを指している。

この研究には、ケネディ政権のアドバイザーを務め、後にゲーム理論の研究でノーベル経済学賞にも輝く戦略家トマス・シェリングはじめ、二〇人に上る米国アカデミズムの錚々たる面々が名を連ねた。核兵器の設計開発に関与した著名な物理学者リチャード・ガーウィン、歴代民主党政権で要職を務める国際政治学者のジョセフ・ナイの名前もある。研究の末、一九七七年にはスポンサーのフォード財団と研究を統括した非営利法人マイターの名を冠した、いわゆる「フォード－マイター報告書」がまとまり、カーター政権の政策立案にも強い影響力を与えた。

そして、この「フォード－マイター報告書」の肝となる結論の一つが、使用済み核燃料の再処理事業を進めることがほんとうにその莫大なコストに見合うのかどうか、経済性の観点から徹底検証を行った結果、再処理の経済性に真正面から疑念を呈したことだった。カーター政権発足から間もない一九七七年三月にまとまったこの報告書は経済性への疑念を示し、再処理事業の凍結と高速増殖炉（ＦＢＲ）開発の延期を答申した。この内容はカーター大統領が翌月公表する新核不拡散政策に収斂され、再処理事業に対するカーター政権の厳格な対応につながっていく（*Nuclear Power Issues and Choices: Report of the Nuclear Energy Policy Study Group*, Ballinger, 1977を参照）。

こうしたカーター政権の再処理とプルサーマルに対するきわめて厳しい姿勢に加え、高騰を続けていたウランの価格が一九七九年を最後に低落し、安定傾向に向かったことも、核燃サイクルの経済面における本来的意義を損なわせる結果となった（武田悠「プルトニウム平和利用をめぐる日米の摩擦と協調」『軍縮研究』第4号、二〇一三年、四〇頁）。

「一九七〇年代前半までの世界の常識は(1)再処理は経済的である、(2)ウランが世界的に枯渇する——だった。しかし七〇年代後半以降、ウランが豊富にあることが分かり、米国はフォード－マイター報告書を受け、『再処理に経済性はない』と主張し始めた。再処理を取り巻く（国際的な）情勢は大きく変わっていた」

二〇一三年の取材に、原子力委員会委員長代理を当時務めていた鈴木達治郎（現長崎大教授）がこう指摘したように、一九七〇年代後半以降、日本の国策である核燃サイクルに対して逆風が一気に吹き始めた。

「日米核同盟」の盟主のトップに核不拡散強硬派のカーターが君臨しただけでなく、米議会も一九七八年に核不拡散法（NNPA）を成立させ、米企業が外国に原子力関連輸出を行う際の核不拡散要件を大幅に強化した。そこへウラン価格の低落が追い打ちを掛ける。こんな大きな潮目の変化があったにもかかわらず、再処理とプルサーマル、そして高速増殖炉の三点セットに固執する日本の核燃サイクル推進路線は、時代の要請にかなった進化を遂げることも、淘汰されることもなかった。

国難来たれり

東海再処理交渉の結果、カーター政権は東海再処理工場の操業をしぶしぶ認めた。日米両政府は一九七七年九月に共同声明を発表し、当面、二年間で最大九九トンの使用済み核燃料の再処理実施で合意、これを受け東海再処理工場は八一年に本格運転を開始する。米側が姿勢を軟化させた背景には、カーター政権が自ら提唱した「国際核燃料サイクル評価(ＩＮＦＣＥ)」の存在があった。

ＩＮＦＣＥは核燃サイクルと核不拡散の両立が可能かどうか、各国の専門家を集めて核燃サイクルの技術的、経済的側面を包括的に検討する国際的な取り組みだ。カーター政権はこのＩＮＦＣＥの議論を通じて最終的に、自分たちの望む方向で東海再処理工場の問題にも白黒が付けられると期待していたようだ。だが、一九八〇年にまとまったＩＮＦＣＥの検討結果は、「原子力の平和利用と核不拡散の両立は可能であるというもので、日本にとってはおおむね満足できるものであったが、強い規制を希望していたカーター大統領にとっては意に沿わないもの」(遠藤『日米原子力協定〈一九八八年〉の成立経緯と今後の問題点』五頁)となる。

いずれにせよ、首相の福田が日本という国の「生死」に関わる問題とまで位置づけた東海再処理をめぐる日米交渉は米側の譲歩でいったん幕引きが図られた。だが、カーター政権の示した日本の核燃サイクルに対する強硬姿勢は、日本の原子力関係者に巨大な衝撃と切実な危機感をもたらした。

「東海再処理工場が完成し、操業を始めようとした一九七七年に米国が『待て』と言ってきた。『国難来たれり』という感じだった」

外務省で原子力政策に長年携わり、原子力委員会委員長代理も歴任した遠藤哲也は二〇一三年六月のインタビューで、東海再処理事業に対するカーター政権の介入について、「ムラとか役所とかは関係なく挙国一致」で受けとめた「国難」だったと証言している。遠藤の言う「国難」はまた、日本が米国との「核同盟の軛《くびき》」に固くつながれているという峻厳なる真実に向き合う覚醒の機会でもあった。

日本の原発用燃料はもともと、米国から供給される濃縮ウランに依存していた。このため一九六八年発効の旧日米原子力協定は、使用済み核燃料の再処理に際し、日米両国の「共同決定」、つまり米側のいわゆる「個別同意」を義務付けていたことには既に触れた。「共同決定と言えば聞こえはいいが、米国の拒否権を認めていたわけだ」と遠藤は語る。

激しい東海再処理交渉の結果、「国難」を経験した日本側には、米国の握る「生殺与奪の権」をなきものにしたいとの思いが募った。そして一九八一年に核燃料サイクル政策により寛容なレーガン政権がワシントンに登場すると、日本は米国との間で翌八二年から、原子力協定の改定交渉に着手する。遠藤も交渉団に加わり、交渉終盤では日本の首席代表も務めた。

日本側の最優先課題は、将来の再処理実施を米側があらかじめ同意する「包括的事前同意」の獲得だった。包括的事前同意を得るということは、米国が日本の再処理事業に対して握る「生殺与奪の権」をとりあえず奪うこと、より端的に言えば、米政府からの拒否権剥奪を意味した。これが実現できれば、東海再処理工場に次ぐ「第二再処理工場」、すなわち一九八〇年代半ば以降に事業が具体化する青森県六ケ所村の大規模再処理施設の建設・稼働にも道が開ける――。遠藤はじめ日本の原子力関係者はそう算段した。

賛否割れたレーガン政権

「長期的で予見可能な日米原子力関係構築のために、包括的事前同意が必要ということは日米お互いがわかっていた」

遠藤が二〇一三年のインタビューでこう回想したように、日本の再処理事業に対するレーガン政権の対応は、カーター政権時代とは打って変わって柔軟なものだった。米側で交渉を直接担当した国務、エネルギー両省は日米間の同盟強化や原子力協力推進の立場から、包括的事前同意を求める日本政府の立場を基本的に支持した。

そのため日米原子力協定の改定交渉は紆余曲折を経ながらも、一九八七年一月には改定された新協定の仮調印に至り、日本が切望した再処理事業への包括的事前同意が初めて認められた。しかしこの後、遠藤ら日本側関係者に「死角」が訪れる。非核保有国である日本に、軍事転用可能な技術である再処理の全面実施を認めることに対し、レーガン政権内から異論が噴出したのだ。

当時の米エネルギー副長官だったウィリアム・マーティンは二〇一二年九月のインタビュー

で以下のように証言している。

「米原子力規制委員会（NRC）が日本への包括的事前同意の付与に否定的な見解を示し、国防総省は反対した。国防総省は『日本に〔再処理実施を事前に〕認めれば、それが前例になる。韓国や台湾も〔再処理事業への同意を〕求めてきたらどうするのか』と主張し出した」

遠藤も「国防長官の側近が『日本にプルトニウム利用を自由にさせるのは問題だ』と反対した」と語っており、マーティンの証言内容と方向性が符合する。NRCは国際原子力機関（IAEA）の行う核査察実施の観点から、六ケ所村の再処理工場で年間八〇〇トンもの使用済み核燃料が再処理されたら、核爆弾数十発分に相当する二〇〇～三〇〇キロのプルトニウムが配管にたまって残る技術的な問題点を指摘したという。一発の核爆弾はプルトニウムが四～八キロあれば製造可能で、二〇〇キロでも二五発分以上に相当する。

マーティンによると、米政府内の意見が真二つに割れる中、ホワイトハウスは賛成派の国務、エネルギー両省、反対派の国防総省とNRCを集めた会議を招集した。会議の進行役を務めたのは当時の国家安全保障会議（NSC）幹部で、その後、米軍制服組トップの統合参謀本部議長や国務長官を歴任し、米国の「国民的英雄」となったコリン・パウエルだった。

そのパウエルはマーティンも参加したこの会議で、「協定改定に賛成する。レーガン大統領が日本を信頼しているからだ」と賛意を表明、これによって日米原子力協定の改定がレーガン政権として最終的に了承された。そして、この会議直後の一九八七年一一月、新たな日米原子力協定が両国によって正式調印され、翌年発効した。

対米交渉力としてのウラン濃縮

レーガン大統領と中曽根康弘首相の個人的パイプの太さから、「ロン・ヤス」関係という言葉が人口に膾炙された一九八〇年代の日米蜜月の時代。レーガンは中曽根と日本への信頼感から、日本への包括的事前同意の付与に強く難色を示した国防総省とNRCを押し切って、日本との新たな原子力協定を発効させた。

ただ、米国が日本に包括的事前同意を認めたことは、日本の原子力業界が行う使用済み核燃料の再処理を無条件かつ無制限に認めたわけではなかった。

日米原子力協定の改定交渉が交渉担当者レベルで実質合意に達した翌月の一九八七年二月四日、科学技術庁(現文部科学省)原子力局長などを歴任した原子力界の重鎮、島村武久を前に、ウラン濃縮事業を営む日本原燃産業（現在の日本原燃）の常務、三宅申がこう言葉を発した。

「わが国が米国に九〇%、フランスに一〇%頼っているウラン濃縮の現状からして、いろいろご議論があったところですが、やはりセキュリティーとバーゲニングパワー（筆者註：交渉力）、将来の経済性も勘案して、わが国にも濃縮工場をつくるべきということで日本原燃産業ができ上がったわけです」

島村主宰の原子力関係者の勉強会で発言する三宅の肉声が、録音テープに残されている。島村も「国産の濃縮ウランだったら、米国に何も断る必要なく再処理できる。米国にあまりに大きく濃縮役務を依頼しているが故に、全然交渉も太刀打ちできないわけです」と発言している（録音テープはこの勉強会に関与した伊原義徳氏から貸与を受けた）。

日本はもともと、米国産濃縮ウランを原料に核燃料を調達し、軽水炉で使用してきた。そのため日本が使用済み核燃料を再処理しプルトニウムを生成するには、米国の個別同意が不可欠だった。それ故に、既に詳述してきたように、日本政府は一九八〇年代の日米原子力協定の改定交渉で、青森県六ケ所村での再処理事業を米側があらかじめ了承する包括的事前同意を要求、長く険しい交渉の末、レーガン政権からこれを獲得した。

こうした経緯を踏まえ、三宅は島村に対し、核燃料製造を米国に依存しすぎたことが日本の対米交渉力を弱めたと指摘した。島村も燃料が国産なら、再処理するのに米国の顔色をいちいち気にする必要はないと強調し、濃縮の国内事業化による対米自立の必要性を力説してみせた。

ウラン濃縮は核兵器開発にも転用できる特殊技術だ。米国の歴代政権は現在に至るまで、この特殊技術の拡散に神経をとがらせると同時に、自国が誇る濃縮技術を国際政治経済の「力の源泉」とみなした。一九六〇年代から原子力発電の導入を本格化させた日本も遠心分離機を使ったウラン濃縮の国内事業化を早くから模索し、岡山県人形峠の試験施設で研究開発を促進、九二年には六ケ所村で濃縮工場の操業がスタートした。

日本の首根っこ押さえた盟主

「一九六七年だったと思うが、私の友人で、戦略研究で名高いアメリカのシンクタンクRANDの研究員が日本の原子力事情を調査に来て、日本は将来自分で濃縮工場を持つことになると思うかと質問して歩いた……〔米国では〕濃縮はアメリカの技術開発の成果を利用して外貨を稼ぎ、他国のエネルギー政策に影響力を持つべき強力な武器だとの考えも強い」(外務省開示文書「ウラン濃縮問題の展望と課題　今井隆吉　一九七四年三月七日の原子力産業会議年次大会講演」)

原子力委員会参与はじめ日本政府の要職を歴任した今井隆吉は生前の一九七四年三月、原子力関係者の前でこう講演している。日本の濃縮ウラン国産化の可能性に米国が早くから注目し、米軍に近いランド研究所が日本国内で情報収集まで進めていたことが分かる。三宅や島村が指摘したように、日本が独自に濃縮ウランの製造能力を保有することは対米交渉力のテコとなる。それはまた、長年「おんぶに抱っこ」の対米依存を続けた日本の原子力産業の対米自立をも意味することになり、米国の警戒するところとなった。そしてもちろん、ウラン濃縮技術が核開発と表裏の関係にあることが、ワシントンが抱く警戒心をより鋭利なものとした。

そのため、一九八〇年代の日米原子力協定の改定交渉で米政府は、たとえ日本産の核燃料であっても、それを米国が機材提供した原子炉で燃やせば、出てくる使用済み核燃料を協定の規制対象とするよう要求。そうした趣旨の条文の明記を主張し、それが通った。交渉の日本側首席代表、遠藤哲也によると、日本の再処理事業に対する米側の包括的事前同意を獲得するには、この条文をのまざるを得なかったという。

そのことは「日米核同盟」の盟主米国が、日本の首根っこを確実に押さえたことを意味した。二〇一四年春まで原子力委員長代理を務めた鈴木達治郎は「この条文が入った瞬間から日本の国産燃料も米国の『傘』に入った。米政府は米議会に『日本の首根っこは押さえている』と示したかったのだ」と解説した。一九五〇年代から日本の原子力政策に携わった元科学技術事務次官の伊原義徳も「〔改定された新たな日米原子力〕協定は米国の政策が強く反映された。力関係からしても米国が圧倒的で、日本は米国の言いなりにならざるを得なかった」と、二〇一四年一月のインタビューに答えている。

二〇一二年秋、当時の民主党政権が「二〇三〇年代の原発ゼロ」を決めた際、米エネルギー副長官のダニエル・ポネマンが日本側にこう伝達したことは先に記した。「早期かつ頻繁に〔原子力政策に関する〕方針を変える可能性を残しておき、後に選挙で選ばれた人たちが調整できるようにしてほしい」

日本の原子力の「生みの親」である米国との断ち切れぬ軛《くびき》。日本の原子力政策をあくまで統制しようとする「日米核同盟」の盟主が堅持する強固な意思が、福島での原発事故を受けて脱原発世論が台頭する日本列島に色濃い影を落とす。

原子力ムラと自民の巻き返し

日本は二〇一四年の時点で「分離プルトニウム」、つまり使用済み核燃料を再処理して生成したプルトニウムを約四五トン保有する。うち国内に約九トンがあり、残りは日本の電力会社から再処理事業の委託を受けた英国とフランスにおよそ半々ずつ保管されている。これはとてつもない量だ。

前章でも指摘したが、東京電力福島第一原発事故の前、政府と電力業界はこの膨大な量のプルトニウムをウランとの混合酸化物（MOX）燃料に加工し、一六〜一八基の軽水炉で消費する計画だった。日本が国際社会に「利用目的のないプルトニウムは持たない」と誓約してきた手前、青森県六ケ所村の再処理工場を動かして新たな分離プルトニウムを生成するには、確実かつ持続可能な形で兵器転用可能な核分裂性物質を消費していく義務があるからだ。そこで、軽水炉でMOX燃料を燃やすプルサーマル方式を軌道に乗せながら、将来的には高速増殖炉という「夢の原子炉」を商業化し、プルトニウムに依存した核燃料サイクル政策を完遂する腹づもりだった。

しかし「3・11」という未曽有の歴史的事件が、国策が半世紀以上描いてきたこの目論見を無残に打ち砕いた。それでも、原発回帰を進める自民党が主体の安倍晋三政権は、二〇一四年春にまとめた「エネルギー基本計画」で核燃サイクル堅持の方向性を鮮明にした。失地回復を狙う原子力ムラとこれを支え続けてきた自民党の巻き返しによって、一時は仮死状態に入ったかにも見えた核燃サイクルは今後、果たして息を吹き返すのか。

率直に言って、私はきわめて懐疑的だ。その理由を示しながら、本章を閉じたい。

プルサーマルに暗い影

まず、震災前は比較的順調に進むと思われていたプルサーマル計画自体に、暗い影が伸び始めた現実を指摘する。私は二〇一四年三月、静岡県庁に川勝平太知事を訪ねた。中部電力浜岡原発の再稼働前に県民投票を行うことを公約した知事にその真意や、核燃サイクルの先行き、そして「3・11」前は浜岡でも行うことになっていたプルサーマルの実施見通しを聞きたかったからだ。

英オックスフォード大学で経済史の博士号を取得し、早稲田大学の人気教授でもあった川勝知事のメッセージはクリアで合理的だった。二〇一四年四月九日に私が執筆し、共同通信が配信したインタビュー記事「住民投票で民意問う　核燃サイクル本格論議を」をベースに、インタビューのエッセンスを抜粋する。

太田「〔二〇一四年〕三月の核セキュリティー・サミットでは日本の保有プルトニウムが関心を集めた。使用済み核燃料を再処理して抽出したプルトニウムが大量にある」

川勝「プルトニウムは核兵器の材料だ。原子力基本法で平和利用を決めている日本は、プルトニウムをウランとＭＯＸ燃料にして軽水炉で使うか、あるいは高速増殖炉で処理することとし、米国も是認した。日本は現在、プルトニウムを四四トン、原爆五〇〇〇発分を保有する。これまでは目立った議論がなく、高速増殖炉もんじゅのナトリウム漏れ事故などで核燃サイクルが足踏みしていたところへ、東京電力福島第一原発がメルトダウンし、国際的な関心が核のごみ処理と廃炉に寄せられ、再稼働にもまさる大問題となった」

太田「福島の事故では燃料プールの安全性が大きな問題になった」

川勝「浜岡のプール容量は九九五〇体だ。現在、使用済み核燃料六五七五体、新燃料五五五体、使用中燃料二四〇〇体が入っている。再稼働して新・旧燃料の入れ替えを行えば、プールの収容力が減り、使用済み核燃料の置き場はすぐになくなるから、再稼働は事実上できない。再処理工場のある青森県六ケ所村のプールもいっぱいで持って行ける状況にない。浜岡でのプルサーマル計画は延期、つまり実質的には白紙だ」

最後の一言、「浜岡でのプルサーマル計画は延期、つまり実質的には白紙だ」に注目していただきたい。東日本大震災前、前任の知事は中部電力との間で、浜岡原発4号機でのプルサーマル実施に同意していた。しかし福島での原発事故を受け、川勝はこれを全面的に見直すこととし、過去の合意はご破算だと言う。

川勝はこうも語っている。

「使用済み核燃料は崩壊熱を出し続けており、安全ではない。燃料プールは原子炉建屋の上部にあり、大地震だと危ない。特殊容器『乾式キャスク』を用いた乾式貯蔵のほうがベターだ。ただ乾式貯蔵は一時的な解決策だ。真の解決策は核のごみ処理法の確立だ。放射性物質の半減期を短くするなど、原発に関わる技術レベルを上げる以外に解決策はない」

使用済み核燃料の崩壊熱を奪うため、原子炉から取り出した後に一時貯蔵される燃料プールの安全性は福島の事故でも大きな問題になった。オバマ政権は当初、福島第一原発4号機のプール内の水が消失し、空だき状態となった使用済み核燃料が燃え出し、大量の放射性物質が首都圏にまで飛散する事態をも憂慮した。川勝もプールの安全性を疑問視し、空冷式の特殊容器「乾式キャスク」を使った乾式貯蔵の重要性を力説している。

私は川勝のこの言葉を受けて以下のように質問し、川勝から明快な答えを得た。

太田「六ケ所村で再処理を進めないと各原発の燃料プールが満杯になり、原発が動かなくなると電力業界は主張してきた。だが乾式貯蔵を当面行えば、核燃サイクルを見直す時間的猶予が得られる。仮に六ケ所村の施設が満杯となり受け入れが困難となった場合には、浜岡で引き取るのか」

川勝「その通り。核のごみは出た場所で貯蔵するのが筋だ。原発の立地場所は土地に余裕がある。他の電力会社や自治体の事情はいざ知らず、浜岡では乾式貯蔵が可能だ」

神話崩壊

この言葉は、日本の核燃サイクル政策の将来を考える上で、きわめて深い意味を持つ。

そもそも「プルサーマルは白紙」と明言した時点で、一六〜一八基の軽水炉でＭＯＸ燃料を燃やしてプルトニウムを消費するという国の政策には黄信号が灯る。川勝知事の発言がプルサーマル受け入れを既に決めている他の自治体首長の政策決定にも影響を与える可能性があり、そうなると「一六〜一八基」はますます皮算用の様相が濃くなるからだ。

それに加えて川勝は、六ケ所村の再処理工場内の使用済み核燃料プールがいっぱいになれば、浜岡から出た使用済み核燃料を静岡で引き取ってもいいと言及している。これは核燃サイクルを絶対視してきた原子力ムラの論理を根底から揺さぶる内容だ。なぜならそこには、「各原発サイトのプールがいっぱいになれば、原発が運転できない。だから六ケ所村のプールに運んで、再処理することで使用済み核燃料の置き場をはじめて確保することができ、原発を安心して動かせる」としてきた従来のムラの理屈を骨抜きにする論理展開が存在するからだ。

乾式貯蔵は米国や欧州諸国、お隣の韓国でも幅広く採用されている使用済み核燃料の暫定保管方法だ。あくまで「暫定」だが、数十年単位の保管が可能だ。福島第一原発でも乾式貯蔵が既に取り入れられており、大津波を浴びた乾式キャスクは破損されることなく無事だった。この乾式貯蔵がどんどん日本全国に広がれば、国や電力業界の理屈通りに慌てて使用済み核燃料を六ケ所村に搬送し、再処理を急いで進める緊急性はなくなり、いずれは再処理自体の必要性すらなくなるかもしれない。そうした意味でも川勝の発言は重く、その含意は奥深い。

首長が「核のごみは出た場所で貯蔵するのが筋だ」と断言するには、それなりの覚悟と勇気が必要だろう。静岡は原子力発電の生産地でもあり消費地でもある。だから「核のごみ」である使用済み核燃料を一定期間引き取ることには、受益と負担のバランスから言って、妥当性と正当性があると考えることもできる。

ごみは出した者が引き取り、始末する――。川勝の示唆するこんなあたりまえの理屈が通らないのが、日本の原子力の現実だった。使用済み核燃料を再処理することで、その膨大な量を減容化できるとの反論もあろうが、近づくと即死する高レベル放射性廃棄物が出ることに変わりはない。加えて悲しいかな、情けないかな、原子力発電を初めて半世紀経つが、この高レベル放射性廃棄物の終の棲家はいまだに決まっていない。それだけでない。核爆弾五〇〇〇発分以上のプルトニウムが現存する。

ごみを後始末する確かなめどもないまま、ひたすら自転車操業を続けてきた核燃サイクル。それはそもそも実現不可能な政策であり、つじつま合わせと無理の連続が現下の顚末、すなわち、とてつもない量の核のごみとプルトニウムというツケを次代に残したのではないか。そうだとしたら、現代人はこの上ない無責任を続けてきたことになる。

核燃サイクルは、既に崩壊した「原子力安全神話」と並ぶ、もう一つの巨大な神話ではないだろうか。

おわりに

独自核武装の幻影

フィンランドにある高レベル放射性廃棄物の最終処分場「オンカロ」を二〇一三年に訪れた小泉純一郎はいまや、「3・11」後の日本の脱原発世論を象徴する国民的アイコンと言ってもいいだろう。ただ忘れてはならないのは、二〇〇一年四月から二〇〇六年九月まで続いた小泉の首相在任中、日本の原子力界が絶頂期を迎えていたという事実だ。青森県六ケ所村の使用済み核燃料再処理工場では試運転が始まり、長年の国策である核燃サイクルは実現に大きく近づいた。また女川(宮城県)、東通(青森県)、浜岡(静岡県)、志賀(石川県)の各原発で、新たな炉に「原子の火」がともされた。

そんな小泉の下で二〇〇三年秋まで経済産業相を務めた平沼赳夫の面前で、核燃サイクル路線継続の是非を論じた官僚がいた。安井正也。京都大大学院で原子力を学んだ技官で、当時は資源エネルギー庁原子力政策課の幹部だった。東京電力福島第一原発事故の発生時は省エネルギー・新エネルギー部長となり原子力部門から外れていたが、事故発生三日目から首相官邸に詰め、当時の菅直人首相らを直接補佐しながら、事故対応の矢面に立った。その後、原子力規制庁発足を受けて経産省から同庁へ移り、緊急事態対策監の要職に就いた。

そんな安井がまだ資源エネルギー庁原子力政策課に在籍していた二〇〇一年から〇二年にかけたある日、経産大臣室から呼び出された。そして安井は大臣の平沼を前に、再処理事業を続けるべきか否か、その是非を財政面やエネルギー政策などの観点から説明した。後に核燃サイクル推進に完全に舵を切る安井だが、平沼と対面していたこの頃はまだ、再処理事業の実現に半信半疑だったという。二〇一二年六月、安井を直接取材したが、「まだ言えない」と、平沼とのやり取りについては多くを語らなかった。

それでも安井は、「まず金の問題があった。それにエネルギー安全保障の問題。〔当時は〕再処理について、とても結論が出せる状態ではなかった。原子力委員会の原子力政策大綱の議論自体も始まっていなかった。だから公論をしなくてはならないと思っていた」と語ってくれた。

安井と平沼の協議内容を知る経産省関係者によると、安井は平沼に対し、巨額の事業資金など再処理継続の否定的側面を力説し、事業継続の再考も含めた判断を仰いだ。平沼の答えは明快だった。再処理事業を軸とした核燃サイクルの徹底推進だった。平沼は安井に対し「金の話だけでは済まない」と語り、核燃サイクルには経済的な利得を越えた別次元の国益が関わっているとの認識を示したという。

別次元の国益——。それは、大量の核分裂性物質プルトニウムを生成する核燃サイクルが包含する「潜在的核能力」のことを意味した。二〇一四年一月、平沼にインタビューする機会があったので、安井との面会を覚えているかどうか質問してみた。残念ながら、答えはノー。というよりも、そんな面会などなかったのではないかとの説明だった。その代わりに平沼はこう語った。

「日本は原爆を二発落とされた被爆の国だから、〔核兵器を〕持つ必要についてはもう少し慎重になって考えないといけないかもしれない。だが今の国際状況を見たら、あんまり〔外国が日本に〕無理無体を言うのだったら、日本が〔核兵器を〕持つようなことになるかもしれないよ、というブラフくらいはかけてもいいと思う」

「無理無体を言う」外国には、核開発を続け日本との間で拉致問題を抱える北朝鮮や、近年軍拡が著しい中国のみならず、「日米核同盟」の盟主米国も含まれていると平沼は明かした。

平沼は、米国が長年「日本の安全保障を切り札」に経済交渉で日本に圧力を掛けてきた、との認識を披瀝。そして、盟主としての強い立場から日本を窮地に追い込むようなことがあれば、その時は核燃サイクルで培った核能力が物を言う、つまり独自核武装の潜在的能力をテコに米国から譲歩が引き出せると解説した。

広島、長崎への原爆投下から七〇年が過ぎようとする現在も姿をちらつかせる独自核武装の幻影。その潜在的核能力から、核燃サイクル推進を支持する保守系の現役政治家は平沼だけではない。

「技術抑止の必要性は高まりこそすれ、低くなることはない。『北朝鮮が核開発をやめました。中国もやめました。米国もロシアも』となれば話は別だが」

「濃縮と再処理に裏打ちされる核燃料サイクルは、回し続けないといけない」

福島での原発事故から半年後のインタビューでこう語ったのは自民党の大物政治家で将来の総理候補、石破茂だ。石破の言う「技術抑止」とは、こんな概念だ。核兵器保有の選択肢を現時点で放棄する一方、核分裂性物質や核弾頭の運搬手段を開発できる技術力を確保・温存しておき、時の政治家が政治判断さえすれば、短期間で核保有できる状態を維持することによって、敵対的な国の攻撃や挑発を抑止する――。まさに核開発技術に依拠した抑止戦略である。

広島、長崎、ビキニ、そして福島。原発事故で四度目の国民的被ばくを体験した後も、日本の権力機構の中枢には幻影が彷徨い続けている。

集団的自衛権と核武装

そんな被爆国に今も潜み続ける幻影の顕在化を何より忌み嫌っているのが、「日米核同盟」の盟主米国だ。

二〇一二年末に再び権力奪取に成功した安倍晋三政権は集団的自衛権の行使容認へ向け、戦後七〇年続いた「平和国家」のあり方を根こそぎ変えようとしている。冷戦後の今でこそ米政府は日本の集団的自衛権行使に賛意を示しているが、最近の学術研究によると、親日的だったあのレーガン大統領の時代においてすら、日本の集団的自衛権行使を可能にする改憲については警戒的な雰囲気が米政府内にあったという。

そのことは、レーガン政権が一九八二年七月二〇日に作成した「国家安全保障研究指令(NSSD)6日米関係」の中に窺うことができる。国際政治学者の菅英輝が最近の論文で紹介した「NSSD6」は、日本の憲法改正や日米安全保障条約改定に反対の立場を示しながら、日本が独自に核戦力を開発することを「望まない」としている。すなわちレーガン政権は、憲法改正や安保改定が日本の自立化に結びつき、それが引いては日本の独自核武装にまでつながる事態を警戒していたと言える(菅英輝「日本のナショナリズムを管理する米国の能力に陰りが見えてきた」『ジャーナリズム』朝日新聞社、二〇一四年五月号)。

二〇一七年一月までホワイトハウスの主であり続けるオバマ大統領は一四年四月の訪日時に、日本の集団的自衛権行使容認へ向けた国内議論に「支持」を表明した。米大統領としては初めてのことだった。

それにしても、安倍政権の押し進める解釈改憲によって日本の自立化傾向が一気に強まり、それが被爆国による独自核武装のシナリオにも発展しかねない、そんな一抹の不安がオバマ政権内には残っていないのか。

オバマ政権一期目にホワイトハウス調整官として米国の核政策を統括したゲイリー・セイモアと二〇一四年六月、この点をめぐって意見交換した。彼は「日本の強力な反核世論」が日本の独自核武装に対する重大な歯止めになるとの見方を示し、冷戦が依然続いていたレーガン政権時代の議論が今日には必ずしも当てはまらないとの分析を披露してくれた。

「集団的自衛権行使＝自立化＝独自核武装」という単純な方程式は今や成立し得ないので、日本の集団的自衛権行使を容認しても問題ない。むしろ日米同盟の強化につながり、そのことは財政事情が逼迫する米国の負担軽減にもつながる——。こんな盟主の算段が、オバマの集団的自衛権行使への支持表明を可能にしたのだろう。

二〇一八年問題

それでも、国際的な核不拡散秩序における日本のユニークな立場と地位が続くことを、「日米核同盟」の盟主米国が未来永劫、支持し続けてくれるとの保証はどこにもない。日本の「ユニークな立場と地位」とは、第五、六章で詳細に見てきた、盟主から日本に与えられた「特権」、すなわち原発から出る使用済み核燃料の再処理実施の権利に起因する。

再処理技術は核爆弾の原料となるプルトニウムを大量に生成できるきわめて機微な技術だ。約七〇年前に長崎に投下された核爆弾も、この技術で生成されたプルトニウムなくして製造されることはなかった。そのため、核拡散防止条約（ＮＰＴ）を通じて世界の核不拡散体制を構築・統制してきた核大国米国は再処理技術、さらにもう一つの核爆弾原料である高濃縮ウランを生成するウラン濃縮技術の拡散阻止こそが、民生技術を軍事転用して核保有にこぎ着ける

「X国」の誕生阻止につながると考えてきた。

欧州原子力共同体（ユーラトム）加盟国を除き、米国が自分たちの輸出した核燃料や米国産濃縮ウランで製造された核燃料の再処理を認めている非核保有国は日本だけだ。

そんな日本の「特権」は、一九八八年七月発効の日米原子力協定に立脚している。この協定の効力は三〇年間。それ以降は、どちらか一方の国が通告をすれば、それから六カ月で終了する。従って二〇一八年七月をもって日米原子力協定は一応の有効期限を迎え、以降は日本か米国のどちらかが条約を終わらせたいと申し出れば、消滅することになる。

福島での原発事故後、特にここ二年ほどの間に、日本のいわゆる原子力ムラで意識され始めたのが、この「二〇一八年問題」だ。

視界不良の核同盟

日本の電力業界はこれまで茨城県東海村や英国、フランスで使用済み核燃料の再処理事業を実施してきた。日本はその結果、約四五トンのプルトニウムを保有する世界有数の「プルトニウム大国」（一四七頁の表参照）となった。このプルトニウムの量は単純計算で、核爆弾五〇〇〇発分以上にも相当する。この数字の中には核分裂しないプルトニウム同位体240も含まれており、核分裂性であるプルトニウム同位体239が大半を占める「兵器級プルトニウム」とは組成が違う。
だが一九七六年、米ローレンス・リバモア国立研究所の理論物理学者ロバート・セルデンは「同位体240が多く含まれることは〔核爆発を〕複雑にする要因となるが、核爆発を妨げるものではない」との見解を示し、日本などが保有する「原子炉級プルトニウム」であっても核爆弾が製造できることを明確に指摘している（Robert Selden, "Reactor Plutonium and Nuclear Explosives," the Lawrence Livermore Laboratory, 1976）。

これだけの量のプルトニウムを抱える日本に対する国際社会の眼差しは、決して温かなものではない。特に「3・11」を受け、プルトニウムを軽水炉で確実に消費するプルサーマルの着実な実現に黄信号が灯っている。にもかかわらず、国も電力業界も青森県六ケ所村の再処理工場をなるべく早く稼働させ、半世紀以上続く不動の国策、核燃料サイクル政策を推進する基本姿勢に何ら変わりはない。

こんな「プルトニウム大国」の実情が国際社会、特に米国にはどう映っているのだろうか。東日本大震災から半年後に、ホワイトハウス内で日本の核燃サイクル見直しに関する静かな議論が進行していたことについては第五章で詳述した。安倍政権はプルサーマルを全国で促進するとともに、炉心に全てプルトニウムとウランの混合酸化物（ＭＯＸ）燃料を使う大間原発（青森県)を稼働させることで、六ケ所村の再処理工場を動かしてもプルトニウムがこれ以上増えないよう、「プルトニウム・バランス」を保っていく考えのようだ。

しかし、大震災から三年が経過しても一〇万人以上もの被害者が原発事故のために故郷を追われ、国民の原子力ムラへの信頼が失墜し続ける中で、果たして原発再稼働、しかもMOXを使った発電事業が本当に確かな足取りで進むのだろうか。疑念を覚えているのは私だけではあるまい。

仮に今後、プルトニウム消費が進まず、それでも六ケ所村の再処理工場が動く事態となれば、米政府内外の核不拡散推進論者、特に連邦議会からは再処理をめぐる日本の「特権」剥奪を求める動きが顕在化する可能性がある。日本の政府関係者が危惧する「二〇一八年問題」の核心部分がここにある。

一九五四年三月に起きたビキニ環礁での被ばく事件以降、「平和利用」の美名の下に、戦後復興の槌音が依然鳴り響く日本に「原子の火」をともした「日米核同盟」の盟主米国。日本の原子力政策の後ろ盾であり続けた盟主が、資源小国に対する生殺与奪の権を握り続けている現実には、今も根本的な変化はない。二〇一八年へ向け、「日米核同盟」は視界不良の航海を続けることになりそうだ。

一六世紀思想家の警告

片や、「核の傘」で固く結ばれてきた日米同盟の現況をいかに考えたらいいか。第三、四章で詳説した核密約をめぐる鳩山政権の歴史的決断にもかかわらず、日米は相も変わらず「傘」のもたらす核抑止論にどっぷりと漬かったままの「核同盟」だ。「国家のウソ」が白日の下に曝された後も、被爆国である日本の政府は北朝鮮の核問題や中国の軍拡をその主たる理由として、「核の傘」が確実に機能していることの保証を盟主に求め続けている。

オバマ政権は二〇一〇年に核戦略指針となる「核態勢の見直し(NPR)」を公表した際、日本との抑止政策をめぐる二国間協議・政策調整を緊密に進めていく方針を打ち出した。これを受け、日本の外務・防衛当局者が米国の核軍事基地や関連施設を訪問し、二〇一三年には西部ワシントン州の米海軍基地に帰港中の核搭載型戦略原潜を視察、翌一四年にはニューメキシコ州にある核研究開発機関のサンディア国立研究所を訪れるなどし、「核の傘」の信頼性と確実性の強化へ向けた核同盟外交を展開中だ。

またここ数年、国連を中心とした軍縮外交のアリーナで、核爆発がもたらす非人道性の問題をめぐる議論が活発化しているが、被爆国日本の政府は、人道的観点から核兵器の使用などを禁じる核兵器禁止条約（NWC）にきわめて後ろ向きだ。その最大の理由が「日米核同盟」の盟主が差し掛けてくれている「核の傘」にあることは疑いない。

本書の最後に、フランスの一六世紀ルネサンス期の哲学者、ミシェル・ド・モンテーニュと親交を結び、早逝した同じフランスの思想家、エティエンヌ・ド・ラ・ボエシの言葉を引用したい。

「何百万もの人々がみじめな姿で隷従しているのを目にするのは、たしかに一大事だとはいえ、あまりにもありふれたことなので、それを痛ましく感じるべきではあっても、驚くにあたらない。彼らはみな、巨大な力によって強制されてというのではなく、たんに一者の名の魔力にいくぶんか惑わされ、魅了されて、軛《くびき》の下に首を垂れているように私には思われる。しかし、たったひとりである以上、その者の力のごときは恐るるに足りないのだし、〔隷従する〕彼らに対しては残酷で獰猛にふるまうのであるから、その者に美質があったとしても、そんなものを愛する必要はないはずである」（エティエンヌ・ド・ラ・ボエシ『自発的隷従論』西谷修監修、山上浩嗣訳、ちくま学芸文庫、二〇一三年、一一一一二頁）

ボエシの言うところの「一者」、つまり「残酷で獰猛にふるまう」者を「核」、特に「核兵器」に置き換えてみると、王権圧政時代の一六世紀に生きたこの思想家の言葉が核時代の現代に放つ普遍性が見事に浮かび上がる。

日米同盟は「核」という軛につながれた「核の同盟」である。

＊

謝辞

本書を閉じるに当たり、最後までお付き合いいただいた読者のみなさまにまずは御礼を申し上げたい。次に、いちいちお名前を挙げはしないが、インタビューや資料収集でお世話になった国内外の「核のプロ」にも感謝と敬意の気持ちを表したい。そして何より、これまでお世話になってきた旧知の被爆者のご友人(既に他界された方もおられる)にも、親身のご教授に厚く御礼申し上げたい。私の職場である共同通信で日頃ご指導を賜っている先輩や同僚の皆さんにも感謝申し上げたい。

本書執筆の機会を下さった中本直子氏には最大限の謝辞を申し上げたい。彼女の叱咤激励、そして洞察力あふれる問題意識がなければ本書は生まれなかった。

最後に私の最愛の子どもたちと天国の妻、二人の母と父、そしていま私を支えてくださっている、愛する人に感謝と敬愛の念をお伝えしたい。

二〇一四年八月吉日

太田昌克

太田昌克

1968年生まれ．早稲田大学政治経済学部卒，政策研究大学院大学博士課程修了，博士(政策研究)．92年共同通信社入社後，広島支局，大阪社会部，高松支局，政治部，外信部，ワシントン支局を経て，現在は共同通信編集委員．1999〜2000年米メリーランド大学にリサーチ・フェローとしてフルブライト留学．2006年度ボーン・上田記念国際記者賞，09年平和・協同ジャーナリスト基金賞を受賞．
著書に『731　免責の系譜』『盟約の闇』(以上，日本評論社)『アトミック・ゴースト』『秘録　核スクープの裏側』(以上，講談社)『日米「核密約」の全貌』(筑摩選書)ほか．

日米〈核〉同盟
—原爆，核の傘，フクシマ　　岩波新書(新赤版)1498

2014年8月20日　第1刷発行

著　者　太田昌克《おおたまさかつ》

発行者　岡本　厚

発行所　株式会社　岩波書店
〒101-8002　東京都千代田区一ツ橋2-5-5
案内 03-5210-4000　販売部 03-5210-4111
http://www.iwanami.co.jp/

新書編集部 03-5210-4054
http://www.iwanamishinsho.com/

印刷・三陽社　カバー・半七印刷　製本・中永製本

ISBN 978-4-00-431498-1　　Printed in Japan

岩波新書新赤版一〇〇〇点に際して

ひとつの時代が終わったと言われて久しい。だが、その先にいかなる時代を展望するのか、私たちはその輪郭すら描きえていない。二〇世紀から持ち越した課題の多くは、未だ解決の緒を見つけることのできないままであり、二一世紀が新たに招きよせた問題も少なくない。グローバル資本主義の浸透、憎悪の連鎖、暴力の応酬——世界は混沌として深い不安の只中にある。

現代社会においては変化が常態となり、速さと新しさに絶対的な価値が与えられた。消費社会の深化と情報技術の革命は、種々の境界を無くし、人々の生活やコミュニケーションの様式を根底から変容させてきた。ライフスタイルは多様化し、一面では個人の生き方をそれぞれが選びとる時代が始まっている。同時に、新たな格差が生まれ、様々な次元での亀裂や分断が深まっている。社会や歴史に対する意識が揺らぎ、普遍的な理念に対する根本的な懐疑や、現実を変えることへの無力感がひそかに根を張りつつある。そして生きることに誰もが困難を覚える時代が到来している。

しかし、日常生活のそれぞれの場で、自由と民主主義を獲得し実践することを通じて、私たち自身がそうした閉塞を乗り超え、希望の時代の幕開けを告げてゆくことは不可能ではあるまい。そのために、いま求められていること——それは、個と個の間で開かれた対話を積み重ねながら、人間らしく生きることの条件について一人ひとりが粘り強く思考することではないか。その営みの糧となるものが、教養に外ならないと私たちは考える。歴史とは何か、よく生きるとはいかなることか、世界そして人間はどこへ向かうべきなのか——こうした根源的な問いとの格闘が、文化と知の厚みを作り出し、個人と社会を支える基盤としての教養となった。まさにそのような教養への道案内こそ、岩波新書が創刊以来、追求してきたことである。

岩波新書は、日中戦争下の一九三八年一一月に赤版として創刊された。創刊の辞は、道義の精神に則らない日本の行動を憂慮し、批判的精神と良心的行動の欠如を戒めつつ、現代人の現代的教養を刊行の目的とする、と謳っている。以後、青版、黄版、新赤版と装いを改めながら、合計二五〇〇点余りを世に問うてきた。そして、いままた新赤版が一〇〇〇点を迎えたのを機に、人間の理性と良心への信頼を再確認し、それに裏打ちされた文化を培っていく決意を込めて、新しい装丁のもとに再出発したいと思う。一冊一冊から吹き出す新風が一人でも多くの読者の許に届くこと、そして希望ある時代への想像力を豊かにかき立てることを切に願う。

（二〇〇六年四月）